KB220898

사람은
왜 아픈가

• 상처, 치유 그리고 관계의 이야기 •

사람은 왜 아픈가

• 상처, 치유 그리고 관계의 이야기 •

| 이홍표 저 |

학지사

머리말

처음 이 글을 구상했을 때 나는 내가 만나고 함께했던 사람들의 삶과 그 삶에서 일어날 수밖에 없고 어쩔 수 없는 상처, 어디에나 있는 상처에 대해 말하고 싶다고 생각했다. 그러나 지금 와서 보니 그 이야기들은 내담자에 '관한' 이야기가 아니라 나와 내담자의 '사이에서' 일어나고 벌어졌던 이야기들이었다. 우리가 만난 처음부터 그와 나는 함께 한곳을 보거나 다른 곳을 보고 있었으며 서로를 보고 있었던 것이다. 나는 그들에 대해 말하고 있었던 것이 아니라 내담자와 내가 함께한 '관계'에 대해 말하고 있었던 것이다. 내담자들이 늘 관계에 대해 말했듯이 말이다. 그와 나는 늘 함께 관계 사이에 있고, 그 '사이에서' 상처의 피 흘림이 일어나고 꽃이 핀다.

이 글의 모델은 원래 극히 내성적이고 낯가림이 심했던 내가 주제넘게 몰래 심리치료라는 것을 배워 가면서 닮고 싶었던 멘토 어빈 얄롬이다. 그가 그랬던 것처럼 나도 나와 내담자의 이야기를 글로 쓰고 싶었다.

이 책을 오랜 시간 동안 함께 해 온 나의 친구이자 진정한 치료자 홍석 그리고 나를 일깨워 주고 다독여 준 그리운 이들, 교정과 비평을 해 준 학생들, 상담 사례를 책으로 낼 수 있도록 허락해 준 세 분의 내담자들(동료이기도 했던)에게 바친다.

탄천에 물이 넘쳤고, 달팽이가 피난을 간다. 달팽이의 걸음은 느리고, 집은 얇고 바스락거려 나는 그를 옮기기 바쁜데, 달팽이는 먹은 색깔 그대로의 똥을 눈다.

2012년 7월
대구사이버대학교
이흥표

차 례

머리말 • 4

하나, 그녀가 미안하다고 말하지 않는다면 • 9

· 길들여진다는 것_ 10
· 그녀가 사는 법_ 17
· 눈물과 불평_ 24
· 첫 번째 역전이 다루기_ 29
· 치료자의 곤경_ 34
· 자기의 직면과 회복_ 38
· 내 안의 적과 조우하기_ 47
· 지루한 반복의 나선형_ 51
· 또 다른 전이와 역전이: 거기에 작은 아이가 있었다_ 53
· 분노의 힘과 실존_ 64
· 그녀가 미안하다고 말하지 않는다면_ 69

둘, 책에 길을 묻다 • 75

· 책에 있는 길_ 76
· 첫 번째 시간: 눈 속의 빨간 꽃_ 81
· 두 번째 시간: 이식된 목소리_ 89
· 세 번째 시간: 부모의 사이를 차지하다_ 106
· 네 번째 시간: 문 밖에서 호통을 엿듣다_ 124
· 다섯 번째 시간: 정상과 병리의 차이_ 150
· 여섯 번째 시간: 사랑의 발견_ 163
· 일곱 번째 시간: 이별을 어떻게 받아들일까_ 179
· 남은 과제: 숙제가 있어요_ 185

셋, 빈집 • 189

· 이별에 대처하는 우리의 자세_ 190
· 죽음, 위로와 애도의 통과의례_ 194
· 어린 소녀, 혼자 남다_ 201
· 뜨거운 학습_ 205
· 전쟁터에 불이 나다_ 210
· 돌아왔으면 좋겠어요_ 215
· 죽음의 정상성_ 225
· 한 번의 만남_ 233

넷, 사랑, 치명적인 상처의 근원 • 237

하나,

그녀가 미안하다고
말하지 않는다면

어떻게 스스로 감옥을 만들고 있는지, 그 감옥을 구축하는 데
대한 책임이 자신에게 있다는 것을 깨달을 때까지는
치료에 아무런 진전을 볼 수 없다.

– 어빈 얄롬, 『나는 사랑의 처형자가 되기 싫다』 –

길들여진다는 것

생텍쥐페리의 『어린 왕자』1946에서 어린 왕자는 소행성을 떠나 사막을 떠돌다가 여우를 만나 서로 길들여지는 것에 대해 듣게 된다. 여우는 어린 왕자에게 "길들여진다는 건 서로 없어서는 안 된다는 거야. 너는 네가 길들인 것에 끝까지 책임을 져야 해. 너의 그 장미에도 책임은 있어."라고 말한다. 어린 왕자는 조용히 그 말을 되뇌었고, 그때 이후 장미를 찾아 자기 별로 돌아가기로 결심한다. 그 장미는 햇빛이 강하다고 바람이 세다고 늘 투덜대고 징징거리던 장미였다. 어린 왕자는 그런 장미에게 짜증이 났겠지만

▶ B612 소행성에 함께 있던 어린 왕자와 장미
둘은 이미 서로에게 길들여졌지만 그 사실을 알지 못했다.

장미는 이미 어린 왕자에게 길들여진 후였고, 장미의 투덜거림과 징징거림은 자신이 어린 왕자에게 길들여진 것처럼 어린 왕자 역시 장미에게 길들여질 필요가 있음을 요구하는 것이었다.

미야자키 하야오[1]의 애니메이션에는 대개 여성이 주인공으로 등장한다. 남성의 활약이 두드러질 때도 있지만, 그때도 남성의 역할은 언제나 여성 주인공이나 아이들이 당면한 문제를 풀어 가는 데 실마리를 제공하거나 동반자적인 역할을 하는 데 그치고 만다. 그의 영화에서 여성이나 아이들은 인간과 문명에 의해 상처받고 변질되어 버린 거대한 곤충과 동물신, 오염된 강의 오물을 뒤집어 쓴 오물신, 탐욕 때문에 돼지가 된 인간, 형체가 없는 고독한 그림자나 숲의 정령을 구하거나 지키기 위해 분투한다. 그의 영화에서 여성은 생명을 지키고 운명을 개척해 나가는 강인한 여성이지만 전사는 아니다. 그녀들은 살아 있는 것을 말소시키는 기계나 무기를 쓰지 않는다. 그녀들은 온전히 몸으로만 나아간다. 무기 앞에서 무방비 상태로 팔을 벌린 채 자기 몸을 던지거나, 젊은 육체를 포기한 채 기꺼이 노인의 몸이 됨으로써 생명을 지키려고 한다. 여성은 그렇게 자기 몸을 던져서 자기 몸만으로 생명을 보듬고, 함께 길들여지고자 한다.

---

1 〈미래소년 코난〉(1978), 〈바람계곡의 나우시카〉(1984), 〈원령공주〉(1997), 〈센과 치히로의 행방불명〉(2001), 〈하울의 움직이는 성〉(2004) 등을 연출한 일본의 대표적인 애니메이션 영화감독

여성은 서로 길들여지는 존재임과 동시에 생산적인 존재다. 왜냐하면 여성만이 생명을 잉태하고, 보존하며, 전달하는 숭고한 책임을 맡기 때문이다. 이런 생명의 시간적 유대를 통해 여성은 생명의 주인이 된다. 어른이 되는 순간, 여성은 갑자기 범상치 않아진 몸을 대하면서 출산과 양육의 생물학적 운명이 자신의 정신과 미래를 결정지을 것임을 무의식적으로 깨닫게 된다. 갑자기 그녀는 자신의 몸을 존중하고, 두려워하며, 아끼기 시작한다. 몸을 바라보는 타인의 시선과 욕망을 감지하고 그 시선에 자긍심과 부끄러움, 두려움과 수치심을 동시에 느낀다. 그래서 그녀는 짝을 선택할 때 남성보다 훨씬 까다로운 조건을 내세우는데, 왜냐하면 그녀에게는 남성보다 자신이 장차 잉태하고 기를 생명이 더욱 소중하기 때문이다.

다윈Darwin, 1859은 대부분의 포유류에서 궁극적으로 암컷이 수컷을 선택한다고 말했으며, 인간 역시 예외가 아니라고 보았다. 예견된 생명을 위해 여성은 자신의 몸과 삶을 아끼고 가꿔야 하며, 가족을 잘 부양할 수 있는 최상의 남성을 궁극적인 배우자로 선택해야 한다. 하지만 바로 그 때문에 여성은 타인의 존재에 의지하지 않으면 안 되는 역설에 처하게 된다. 여성의 육체는 부서지기 쉬우며, 육체가 부서지는 순간 다음 세대의 생명은 길을 잃고 만다. 그녀는 그 연약하고 바람 같은 생명 때문에 누군가에게 의지해야 하고, 유대를 맺고, 함께 해야 하며, 서로 길들여져야 한다.

반면에 남성이나 수컷은 자족적이고 소비하는 존재다. 그의 수컷다움은 생식에 소비하도록 결정되어 있으며, 그 또한 기꺼이 욕망에 몸을 소비할 의향이 있다. 수컷 공작의 깃털은 크고 화려하다. 그러나 날지 못하는 이 새의 화려함은 비행을 위해 존재하는 것이 아니다. 공작 깃털의 화려함은 오로지 암컷의 눈길을 끌기 위한 생식의 운명에 봉헌하도록 만들어져 있다. 화려한 깃털은 만들고 유지하는 데 비용이 많이 드는 반면에 포식자의 눈에 띄기 쉽고, 따라서 생존에 불리할 수 있음에도 말이다. 공작은 자신의 생명을 담보로 하여 과감히 생식에 도박을 거는 것이다. 마찬가지로 고릴라 수컷은 암컷보다 약 두 배 이상 몸무게가 무겁다. 기동력이 떨어지는 이 덩치는 사냥을 위해서는 별 쓸모가 없다. 서너 마리의 암컷을 거느린 채 일부다처제를 유지하는 수컷 고릴라가 다른 수컷들부터 하렘harem, 일부다처제에서 한 수컷이 독점하는 암컷으로 이루어진 무리을 지키는 데는 쓸모가 있겠지만 말이다. 수컷은 자기를 과시하기 좋아하는데, 수컷의 현란한 치장이나 덩치의 목적은 자기를 과시함으로써 암컷을 유혹해 생식에 이바지하기 위한 것이다.

자하비와 자하비Zahabi & Zahabi, 1997는 이렇게 생존에 불리할 수도 있는, 외모에 투자하는 현상을 핸디캡 원리handicap principle라고 명명하였다. 이는 쓸모없는 것에 에너지를 낭비함으로써 자신을 건강하고 능력 있는 존재로 광고하려고 하기 때문이다. 인간 세상에서도 남성은 자신이 돈을 잘 벌고 똑똑하며, 장래가 촉망받는 존재인가를 증명하거나 과장하려고 부단하게 애쓴다. 그러나 영원히 지속되는 자기 피알PR은 없다. 광고는 일시적이다. 수컷은 다시 다른 암컷을 유혹하는 데 에너지를 낭비하고 떠돌다가 젊은 수컷에게 밀려 무리에서 쫓겨나거나 죽음을 맞이한다. 수컷은 그렇게 생존에 필요한 에너지를 과감히 낭비하면서, 기꺼이 생식에 자기를 소비하고 만족하며 떠돌다가 떠날 준비가 되어 있다.

이에 반해 자기를 과시하느라 에너지를 쓸데없이 낭비하는 암컷은 거의 없다. 암컷 공작이나 꿩의 날개와 꼬리는 소박하고 단출하다. 암컷의 에너지는 몸과 생명을 위해 알뜰하게 투자된다. 암컷은 수컷이 멸절한 후에도 오랫동안 생명을 낳고 길러야 하는 것이다.

인간 세상에서 여성 혼자 어떻게 자손을 낳고 기르겠는가? 갓 태어난 인간의 아기는 지극히 무력하고 생명의 숨은 꺼지기 쉽기 때문에 여성의 보살핌이 없으면 며칠을 살지 못한다. 자궁 안을 벗어나 세상 밖으로 나오면 오로지 젖을 움켜쥐고 빠는 것 외에는 기지도, 걷지도 못하는 미숙아의 운명인간은 동물에 비해 미숙아로 태어난다에 처해지는 인간의 아기는 모성에 자신의 목숨과 생존을 온전히 맡기는 모험을 감행한다. 아기는 모성이 없다면 애초부터 존재하지 않는다. 아기의 숨결 그리고 앞으로 이어갈 목숨은 모성을 담보로 해서만 존재하는 것이다. 더욱이 어떤 동물보다도 인간의 아기는 독립적인 기능과 역할을 할 수 있는 어른으로 성장하는 데 십 수년의 세월을 필요로 한다. 유아기와 아동기를 그렇게 길게 보내는 존재는 인간밖에 없다. 어린 왕자와 한 별에 살던 장미는 바람막이를 해 달라, 유리덮개를 해 달라, 잊지 말고 제때 물을 달라고 투덜거리며 지겹게 요구를 하였지만, 생명은 원래 그렇게 요구가 많은 법이다. 다행히도 대부분의 여성은 그 생명의 무력감과 요구를 기꺼이 받아들이고 때로는 즐거워하면서 긴 세월을 감당해 낸다. 그러나 생명이 요구하는 엄청난 비용 때문에 사실 그녀 혼자 자녀를 키워 낸다는 것은 불가능에 가깝다. 여성은 건강한 생명을 잉태하기 위해서뿐만 아니라 자녀의 생존율을 높이고 제대로 키워 내기 위해 남성의 도움과 지원을 필요로 할 수밖에 없었을지도 모른다. 여성은 그렇게 남성에게 자신과 태어날 생명에게 꾸준히 눈을 맞추고 서로 길들여짐을 요구하여 왔을지도 모른다. 그리고 그 때문에 때로는 자기 탐닉적이고 소모적인 낭비벽, 방랑벽 혹은 허세로 똘똘 뭉친 남성의 비위를 맞추거나, 숨을 죽이고 살아야 하는 굴종의 운명을 감당해 내야 했을지도 모른다.

그러나 만일 여성이 남성을 존재의 부속품으로 활용하거나 스스로 설 수 있다면, 남성이 아닌 여성 간의 길들여짐이 확고해질 수 있다면 그녀는 진정 또 다른 페미니스트들이 꿈꾸는 아마존의 모권, 자족적인 존재가 될지도 모른다. 페드로 알모도바르[2]의

---

2 Pedro Almodovar, 〈신경쇠약 직전의 여자〉(1988), 〈내 어머니의 모든 것〉(1999), 〈그녀에게〉(2003) 등을 연출하여 칸느영화제 감독상과 각본상 등을 수상한 스페인의 거장 영화감독

▶ 페드로 알모드바르의 〈귀향〉의 한 장면

〈귀향〉2006이라는 영화에서 남성들은 거의 알코올중독자이거나 무능력자이며, 옆집의 여자를 탐하고, 의붓딸을 겁탈하려고 한다.

이 영화에서 남성들은 성욕을 해소하는 데 급급하며, 말초신경을 자극하는 쾌락에 기대어 산다. 가정을 보살피기커녕 무능력하기 일쑤이며, 여성에게 기생해 삶을 이어간다. 남성들은 소비적이고 유령처럼 떠도는 존재에 불과하다. 그들은 한 울타리에 들어가 서로에게 길들여지지 못한다. 반면에 여성들은 아버지가 누구인지, 결혼은 했는지, 생모가 누구인지에 상관없이 함께 아이를 낳고 돌본다. 혼자 살면서 실종된 어머니를 기다리는 여성이 있고, 이웃의 늙은 여성을 돌보며 임종을 지키는 여성이 있다. 임종을 지키던 여자가 병들자 이번에는 실종되었다 돌아온 어머니그녀는 남편과 내연관계에 있던 여성이 낳은 딸이었다가 그녀를 돌본다. 그녀들은 삶을 쾌락이나 향락에 허비하지 않고 생명을 담지하며 이어 나간다. 그러기 위해 울타리를 구성하며, 늙음과 젊음에 상관없이 평등한 연대를 맺고, 함께 길들여진다. 그 울타리 안에서 남성이라는 존재는 거추장스러울 뿐이다.

그녀가 사는 법

그녀는 길들여진 존재였고, 그 길들여짐 속에서 자신의 운명을 순순히 받아들인 것 같았다. 내담자는 남성과 부모 그리고 모든 타인의 시선에 길들여져 있었다. 그녀는 운명에 저항하지 못했는데, 그러기에 자아는 너무 허약했고 사랑을 통해 자기를 확인받고자 하는 욕구가 강해 보였다. 내담자가 처음 치료실에 왔을 때 치료자가 받은 그녀의 인상은 착하고 약하며 순진해 보인다는 것이었다. 무엇보다 내담자는 아름다우면서도 현숙해 보였지만두 가지가 반드시 공존하지는 않는다, 아름다움과 현숙함은 기묘하게 그녀 안에서 이질적으로 공존하는 것 같았다. 내담자의 아름다움은 돌봄을 받지 못해 훼손당한 것 같았고 그녀 역시 자기 안에 내재한 아름다움의 가치를 발견하지 못한 채 "나는 사랑받고 있지 못해! 나는 아름답지 않아!"라고 말하고 있는 것 같았다. 그리고 현숙함이라는 감옥에 스스로를 가두어 놓은 채 자기를 취소하고 거두어들임으로써 존재의 가치를 채워 나가는 것 같았다.

　슬픔이 눈가에 역력했음에도 불구하고 내담자는 밝고 호감을 주는 인상이었다. 웃는 얼굴로 들어와 상냥하게 인사를 했고, 수면장애, 무기력감, 공황감, 우울한 기분 등을 호소하면서도 웃는 얼굴을 잃어버리지 않았다. 언뜻 어두운 표정이 스쳐 지나가도 눈이 마주치면 금세 밝은 표정으로 돌아오곤 했다. 그녀는 마치 자기 앞에 앉아 있는 누군가를 위해 끊임없이 밝은 표정을 짓고 눈치를 살펴야 하는 것 같았다. 이후로도 그녀는 항상 웃는 얼굴이었고 웃음이 없으면 안 된다는 듯이, 마치 웃음이 자신의 존재를 든든하게 보장이라도 해 주는 듯이 언제나 거의 웃음을 잃지 않았다. 말 잘 듣는 어린아이처럼 남을 욕하고 비난하거나 불평 같은 것은 털끝만큼도 하지 못할 것 같았다.

　치료실에 오게 된 문제가 무엇인지를 묻자 내담자는 잠시 머뭇거리다 "우울하고 힘들다. 잠을 못 자고 불안하다. 가슴이 아프고, 숨 쉬는 게 힘들고, 토하고, 죽을 것 같다. 감정이 자주 폭발하고, 울고, 감정 통제가 잘 안 된다. 내 자신이 거지같다."라고 털어놓았다. 내담자는 우울감, 수면장애, 감정통제의 실패, 자기비하와 무기력감 등의 만성적인 우울증상을 보이고 있었다. 그리고 갑작스럽게 밀려오는 숨을 못 쉬고 죽을 것 같은 느낌 때문에 이미 몇 년 전부터 정신과 약물을 복용해 오고 있었다.

　내담자는 남편과 만난 지 두 달 만에 결혼을 했는데 결혼 후 불과 한 달 만에 남편은 집을 나가 돌아오지 않았다. 그제야 그녀는 남편이 오래전부터 직장 생활을 지속하지 못했고 알코올과 게임에 빠져 있다는 것을 알았다. 시부모는 결혼을 하면 아들이 달라질 줄 알고 무작정 결혼을 시킨 것이다. 세상의 많은 부모들이 이런 헛된 기대를 하지만, 그렇게 해서 나아지는 경우가 있다면 그것은 기적에 가깝다. 앞에서 수컷 공작의 화려한 치장을 예로 들었는데, 암컷은 깃털이나 날개가 아무리 화려해도 큼지막한 먹이를 물어다 주지 못하는 수컷을 결단코 짝으로 선택하지 않는다. 먹이를 스스로 잡지 못하는 수컷 새는 암컷 새가 먹이를 물어와 새끼 새에게 먹여 주는 것을 봐도 멀뚱멀뚱 눈만 굴릴 것이 뻔하기 때문이다.

남편은 아내에게 먹이를 물어다 주지 못했다. 그걸 알았다면 현명한 새들처럼 그녀도 그를 선택하지 않았을지도 모른다. 그러니까 예측을 잘못한 내담자에게도 잘못은 있다. 그러나 진실을 숨기거나 속이려는 사람을 어떻게 막는단 말인가? 아쉽게도 인간 세상에는 의식적·무의식적인 속임수가 존재한다. 설령 속일 의도가 없었다고 할지라도, 먹이를 잡는 법을 학습하지 못한 새가 변할 것이라는 식의 기대는 다른 누군가에게 책임을 떠넘기기 위한 무의식적인 책략이거나 헛된 망상에 지나지 않는다. 그리고 누군가가 그 기대에 얽매여 변화의 책임을 떠맡게 되면 또 다른 상처의 희생자가 하나 더 늘어날 뿐이다.

인물화 그림 검사에서 내담자는 자신이 바라고 소망하는 이상적 자기ideal self를 표현하였는데, 그 이상적 자기는 예쁜 드레스를 입고 사랑과 보호를 받으면서 살고 싶어 하는 현숙한 여성의 욕구를 잘 보여 주고 있었다. 왕자의 고백을 기다리는 순진하고 세상물정 모르는 백설공주나 신데렐라처럼, 그녀는 아마도 듬직하고 멋진 남성을 만나 의지하고 보호받는 꿈을 꾸었을 것이며, 그렇게 세상의 위험을 비껴가고 싶었을 것이다. 적어도 그녀가 꿈꾸던 결혼이나 세상은 이렇게 험난하지 않았을 것이다. 그러나 그녀가 마주친 결혼이라는 세계는 처음부터 험난했으며, 그 험난함은 외부가 아니라 정작 결혼이라는 제도 안에서 그녀를 지켜 줄 것이라고 기대했던 남편과 가족들로부터 왔다. 믿고 의지할 사람으로부터 온 상처의 충격은 외부에서 오는 상처보다 훨씬 더 크고 강력한 법이다. 왜냐하면 그녀에게는 믿고 의지할

▶ 내담자의 인물화 그림
  자신이 꿈꾸고 소망하는 이상적 여성상의 이미지를 표현하고 있다.

대상이 더 이상 존재하지 않기 때문이다. 믿고 의지해야 할 울타리의 근원인 남편은 오히려 상처의 근원이었고, 그녀는 상처를 혼자 견뎌야 했으며, 이후 온갖 경제적·정신적 곤경에 시달려야 했다.

하지만 시부모는 그녀를 회유하며 달랬고, 놀랍게도 그녀는 그런 자신의 운명을 빨리 받아들였다. 사실 놀랄 만한 일도 아닌 것이, 남성에 비해 많은 여성은 주어진 운명을 쉽게 받아들이고 동화된다. 시부모는 "마치 내 딸 같다." 며 내담자를 회유하고 생활비를 보태 주었다. 이후로도 내담자가 울면서 불만을 표출할 때마다 울음은 내담자의 유일한 무기였다 생활비를 늘려 준다고, 집을 사서 내담자의 명의로 해 준다고, 땅을 내담자 앞으로 옮겨 주겠다고 회유했다. 그러나 이런 회유는 대개 말뿐이었으며 실행으로 옮겨지지 않았다. 순진한 내담자는 시부모의 말을 곧이곧대로 믿었겠지만, 아마도 진짜 믿는다기보다는 믿고 싶어했을 것이다. 곧 아이가 태어났고, 아이의 운명을 책임지게 된 그녀는 이제 갈 곳이 없다고 느꼈다. 아이를 키우고 살다 보면 남편이 달라지거나 언젠가는 시부모가 보상을 해 줄 것이라고 믿었다. 마치 시부모가 결혼을 하면 달라질 것이라고 헛된 기대를 품었듯이 말이다. 그녀는 이제 시부모와 공모자가 되었다. 인간은 망상에 빠지기 얼마나 쉬운가? 그러나 무엇보다 현숙하고 유순한 그녀의 성격이 변화나 일탈을 허락하지 않았다. 그녀로서는 길들여지는 관계를 벗어나 혼자 선다는 것이 상상이 되지 않았기 때문에 굴종 속에서 견디고 기다리는 삶을 선택할 수밖에 없었던 것이다.

첫 면담 이후 몇 가지 간단한 심리검사를 실시한 결과, 그녀에게 모순되는 심리적 문제와 의존적인 성격이 있음이 확연히 드러났다. 그녀는 문장완성검사에서 '내가 바라는 여인상은: 순종적이고 희생정신이 있는 여성' '나의 좋은 점은: 어른을 잘 공경한다, 착하다, 여성스럽다'고 쓰고 있었다. 또한 아버지에 대해서는 '권위적이시며 가장으로서 책임감이 강하시다, 큰 소리를 많이 내신다.'고 쓴 반면에, 어머니에 대해서는 자신과 마찬가지로 '매우 순종적이시며 희생정신이 강하시다.'고 쓰고 있었다. 그러면서 '완전한 남성상은: 가족을 책임질 수 있으며 강하고 자신감이 있는 남성'이라고 기술하고 있었다.

그녀는 순종과 희생에 동화된 것 같았고, 그것을 거부감 없이 기쁘게 받아들이고 있었으며, 타인에게 의지하는 삶을 스스로 선택하고 있었다. 그 순종과 희생, 의존은 어머니의 삶에서 유래한 것이었고 어머니와 자신을 동일시한 결과였다. 아마도 그녀는 자신이 태어나고 자란 원가족origin family을 통해 순종하고 현숙한 삶에 길들여졌을 것이고 그런 삶이 관습처럼 몸에 배었을 것이다. 하지만 다른 한편으로 그녀는 '나는 불행하다, 행복한 삶을 살고 싶다.' '언젠가 나는 반드시 성공할 것이다, 부유한 삶을 살 것이다.' '내가 정말 행복하려면 강해져야 한다.'고 쓰고 있었다. 그녀는 이성적으로는 강해져야 한다는 것을 알고 있었지만, 기존에 익숙해진 습관의 탈을 벗어 버리지 못하고 있었던 것이다. 그것은 그녀가 순종적이고 의존적이며, "사람들이 나를 피할 때는 따돌림을 당하는 것 같아 속상하다."라고 할 만큼 타인의 거절에 민감했기 때문이기도 하다.

의존적인 성격dependent personality의 소유자들은, 내담자가 문장완성검사에서 그러했듯이, 상대방이 앞에 없는데도 깍듯이 높임말을 할 만큼 겸손하고 공손하다. 그/그녀는 정직하고 양심적이며 성실하지만, 상대방이 화를 내거나 거절당할까 봐 두려워서 자신을 내세우지 못하고 항상 더듬이를 세운 채 살아야 한다. 상대방이 자신을 싫어하는 것 같거나 조금이라도 안 좋은 소리를 하면 혹시 '내가 뭘 잘못했나?' 하며 끊임없이 생각과 행동을 감찰하고, 자기 탓이 아닌지 스스로를 질책하고 죄책감을 느낀다. 그/그녀는 모든 사람의 사랑을 추구하며, 그래서 "내 탓이에요. 잘 할게요."라고 말해야 한다. 그렇다고 분노가 전혀 없는 것은 아니다. 분노가 촉발되고 느껴지기도 하지만, 분노는 대개 도덕적으로 받아들여지지 않는 나쁜 감정을 느꼈다는 죄책감을 유발하며, 분노를 드러내는 즉시 타인에게 거절당할지 모른다는 두려움에 사로잡히게 만든다. 그래서 그/그녀는 끊임없이 분노를 삼키고 억압해야 하며, 함부로 분노를 느끼거나 드러내서는 안 된다. 착한 여자 콤플렉스의 운명에 갇혀 있는 사람은 목소리를 닫고 살아야 한다. 그/그녀에게는 분노감보다 거절당할 것에 대한 불안이 훨씬 더 앞에 있고 중요한 것이다. 때문에 의존적인 성격의 소유자들은 타인의 이용감이 되기 쉬우며, 때로 피학적인 삶을 스스로 선택하고 허용하기도 한다.

이렇게 첫 면담과 심리검사를 진행한 후 나는 내담자에게 주요우울장애Major Depressive Disorder, 공황장애Panic Disorder, 가족 및 부부문제Familial & Marital Problem, 의존성 성격문제Dependent Personality Problem라는 여러 가지 진단을 덕지덕지 붙여야 했다. 그리고 어디서부터 문제를 풀어나가야 할지, 내담자를 어떻게 도와주어야 할지 고민해야 했다.

눈물과 불평

그러나 이런 나의 고민은 이내 사라지고 말았다. 무슨 이야기부터 시작할지를 묻자 그녀는 금세 시부모와 남편에 대한 불평을 털어놓기 시작했다. 내담자는 끊임없이 남편에 대한 불평을 털어놓고 시부모를 원망했다. 손녀도 돌봐 주지 않고 혼자만 좋은 옷을 사 입는 시어머니, "네 팔자다."라며 책임을 전가하는 시어머니를 원망했다. 남편에게 무슨 일이 터지면 땅을 사 준다, 뭐를 해 준다 하면서 흐지부지하는 시어머니를 원망했다. 돈 한 푼 벌어다 주지 못하고 시어머니 앞에서는 한마디도 제대로 하지 못하는 남편, 한 번도 진지한 대화를 한 적이 없고 피하기만 하는 남편, 아이를 틱 장애와 정서 불안으로 내몬 남편을 원망했다. 그리고 어느 순간 "네 아빠와 살아라."라고 하면서 아이에게

소리를 지르고 있는 자신을 질책했다.

그러면서도 그녀는 정작 시어머니 앞에서는 "아껴 살겠습니다. 죄송합니다."라고 꼬리를 내리곤 했다. 무엇이 죄송하다는 말인가? 그리고 과연 그녀가 진정으로 죄송했을까? 사실 그것은 진정한 사죄가 아니었다. 그녀가 죄송하다고 반복했던 이유는 시부모 앞에서 바른 말을 하고 정당한 요구를 하면 버림받을지 모른다는 불안이 유발되고 있었기 때문이다. 그토록 그녀의 자기는 허약했다.

내담자의 또 다른 무기는 울음이었다. 그녀는 매 회기마다 시부모가 약속을 지키지 않는다고, 남편이 월급을 갖다 주지 않는다고 비난하면서 울음을 터뜨렸다. 사실 이런 내담자의 불평과 눈물은 정당한 것이었다. 그녀가 아이와 함께 살기에는 생활비가 턱없이 부족했고, 그녀는 아빠의 사랑을 받지 못하는 아이에게 좋은 옷과 장난감으로 사랑을 대신 해 주고 싶었다. 때로는 다른 여자들처럼 예쁜 옷을 사 입고 맛있는 외식을 하고 싶었다. 그러나 그녀에게는 그런 일을 해 줄 수 있는 남자가 없었고 그럴 경제적 능력이 없었다. 모든 여성에게는 충분히 그럴 권리가 있고 오늘날에는 대부분의 다행히 행복한(?) 많은 여성들이 이런 정도의 삶을 살고 있지 않은가? 나는 그런 내담자의 처지를 충분히 동정하고 공감했다. 그녀는 치료자뿐만 아니라 다른 누구라도 위로하고 안타까워할 만큼 충분히 불행했으며, 나는 내담자 편이 되어 내담자를 이런 처지에 빠뜨린 사람들에게 화가 났다.

하지만 몇 회기의 상담이 지난 후에도 불평과 울음이 계속될 뿐이었고 치료는 그 이상 나아가지 못했다. 물론 많은 내담자들이 타인에 대한 불평으로 면담을 시작한다. 첫 면담 때부터 자신의 문제를 직시하고 "나에게 이러이러한 문제가 있는데 해결해 주세요."라고 말하는 훌륭한 내담자는 드물다. 그러나 치료는 불평을 들어주는 것이 아니다. 불평불만을 들어주는 것이라면 친구 사이에서도 얼마든지 할 수 있다. 여자들은 전화통을 잡고 한 시간씩 통화를 하지 않는가? 그것도 남자가 아닌 여자들끼리만 말이다. 그리고 대화의 대부분이 자신에 관한 이야기가 아니라 주변 사람들에 관한 약간의 칭찬과 시샘을 포함한 불평과 비난, 가십거리 같은 것들이다. 그럴 때는 시어머니와 며느리, 시누이와 올케, 동서 간에 마치 한편이 되는 것 같다. 이런 면에서 일부 연구자들은 심리치료가 돈을 주고 말을 들어 줄 친구를 사는 '우정의 구매'와 다를 바 없다고 지탄하기도 했다. 물론 내담자들은 충고 79%, 내 문제에 관심을 가진 사람과 이야기하는 것 75%, 격려와 위안 67% 등을 치료의 가장 중요한 요인이었다고 꼽는다 Murphy, Cramer, & Lillie, 1984. 이런 요인들은 오늘날에도 학파에 상관없이 공통되고 필수적인 치료적 요인으로 꼽히는 것들이며, 환자 입장에서 보면 치료 효과란 특정한 치료적 이론이나 기법보다 이러한 공통적 요인들에서 비롯되는 것으로 여겨진다 Sloan, Staples, Cristol, Yorkston, & Whipple, 1975. 말하자면 관계가 치료에 가장 중요한 요인인 것이다. 실제로 많은 내담자들이 수용적인 대화, 공감,

위안만으로도 증상이 일부 경감되거나 안심을 얻고 돌아간다.

그러나 치료는 분명 이와 같은 것만은 아니다. 다시 생각해 보면 내담자는 전문가가 아니기 때문에 피부에 와 닿는 대인관계 요인들을 감지하기는 쉽다. 그러나 내면의 문제에 대한 직면과 통찰, 전이와 역전이 분석, 과거 반복된 행동 패턴에 대한 훈습과 외상의 극복, 인생의 운명과 비합리성에 대한 실존적 수용, 책임감의 자각, 교정적인 정서 경험, 문제에의 노출과 해결 시도 및 이에 따른 통제감 증진이런 용어들은 매우 복잡하고 이 책의 내용을 넘어서는 것들이므로 부연 설명은 피하고자 한다 등의 복잡한 과정을 겪었음에도 이러한 치료적 요인들을 잘 감지하지 못했을 수도 있다. 물론 치료적 관계는 치료자와 내담자가 동지적 관계가 되는 데서 비롯된다. 그러나 그 관계란 내담자를 안쓰러워하면서 위로하거나 동정하고, 지금 이 자리에 없는 타인을 비난하면서 함께 맞장구를 쳐 주는 것이 아니다. 가장 중요한 치료적 요인으로 꼽히는 공감empathy은 사실 동정, 연민이나 맞장구 같은 것이 아니라 지금-여기Here & Now에 앉아 있는 타인의 마음속에 들어가 그 내면세계를 함께 이해하고 경험하는 것이다.

공감의 대가인 로저스Rogers, 1942는 공감을 '타인의 내면에서 일어나는 느낌의 변화에 순간순간 민감해지는 것'이라고 정의하였다. 치료자는 내담자가 두려워하고 느끼며 지각하는 세계를 순간순간 함께 경험하며, 이를 내담자가 받아들일 수 있는 한도와 방식으로 돌려주고자 한다. 그러니까 치료자의 역할은 내담자의 불평불만을 들어주고 해소하는 데서 끝나는 것이 아니라 적어도 그 뒤에 숨은 두려움과 욕구를 읽고 공유하는 데서 출발한다.

친구끼리 불평불만을 늘어놓고 맞장구를 치거나 남을 욕하고 흉보거나 낄낄거림으로써 일시적으로 불편감이 해소될 수도 있다. 물론 이런 것을 아예 하지 않는 것보다는 하는 것이 어느 정도 정신 건강에 도움이 된다. 누군가가 내 말을 들어준다는 것은 적어도 자신은 혼자가 아니며 내 편이 있다는 것을 느끼게 해 주니까 말이다. 그러나 일시적으로 해소된 불편감은 잠복해 있다가 인생의 다른 장면에서 회귀하기 마련이며, 그러면 사람들은 다시 자기 말을 들어주고 맞장구를 쳐 주며 위로해 줄 동지를 찾게 된다. 그런 친구가 없으면 돈을 주고 우정을 구매하려 들 수도 있지 않겠는가? 그러나 불평과 위안은 꼬리를 문 뱀처럼 악순환된다. 불평은 또 다른 불평을 낳고, 위로는 또 다른 위로를 요구할 뿐이다. 거기서 진실은 은폐되고 내담자의 성장은 보이지 않는다. 나의 친구인 한 치료자는 내담자의 끊임없는 불평을 들어주고 들어주다 지치고 지겨워져서 내담자를 피해 도망다닌 적이 있다. 그는 내담자가 자기를 괴롭힌다고, 아니면 자기를 너무 좋아하는 것 같다고 불평을 늘어놓았다.

치료 장면에서의 신뢰하는 관계, 동지적 관계란 내담자가 조우한 일생일대의 문제를 해결하고 넘어서기 위한 치료자─내담자 사이의 관계다. 진정한 치료는 불평과 비난의 단계를 지나 그런 불평과 비난의 역할과 무용성을 직면하는 데서 그리고 현재의 문제를 만들었거나 적어도 지속/악화되도록 기여하는 내담자 자신의 역할과 책임을 자각하는 데서 비롯된다. 지금 이 장면에 앉아 있는 사람은 내담자이지 그 내담자를 힘들게 하는 타인이 아니다. 설령 타인이 내담자의 불행에 전적인 책임이 있다고 해도, 치료의 목적은 내담자가 그 불행의 사슬을 스스로 끊게 하거나 변화시키도록 하는 데 있다. 우리는 지금 이 자리에 없는 사람을 어찌 할 수 없다. 만일 이 자리에 없는 사람을 변화시키고자 한다면 그것은 그 사람과 관계를 맺고 있는 내담자만이 할 수 있는 일이며, 그래서 내담자 자신이 먼저 자신의 역할과 책임을 깨닫고 변화해야만 한다. 얄롬Yalom, 1989이 말한 것처럼, "어떻게 스스로 감옥을 만들고 있는지, 그 감옥을 구축하는 데 대한 책임이 자신에게 있다는 것을 깨달을 때까지는 치료에 아무런 진전을 볼 수가 없다."

첫 번째 역전이 다루기

불평을 계속하는 내담자를 피해 도망다녔던 불쌍한 치료자 내 친구처럼, 나 역시 내담자의 불평불만에 슬슬 지루하고 짜증이 나기 시작했으며, 나는 이런 감정이 어디서 오는지를 곰곰이 생각하고 돌이켜 봐야 했다. 내담자의 관계에게 유래하는 이런 긍정적/부정적인 감정이나 생각들을 치료자는 흔히 역전이 transference[3]라고 부른다. 나는 곧 그녀의 불평과 눈물 때문에 짜증이 난다는 것을 감지했는데, 그것은 바로 내담자가 시부모를 비롯한 사람들을 대할 때 그들이 내담자에게 느끼는 감정일 수도 있었다.

눈물은 어떤 기능을 할까? 사람들은 무기력하거나 의지하고 싶을 때 혹은 무엇인가를 호소하고 불평하고 싶을 때 흔히 눈물을 흘린다. 이런 식의 눈물을 "징징거리며 운다."라고 표현하기도 한다. 이때 흘리는 눈물은 자신이 그동안 얼마나 대우받지 못하였는지를 항의하는 것이자 연민과 지지, 이해를 구하고 싶은 소망을 피력하는 것이다Greenberg & Paivio, 1997; Greenberg & Watson, 2002. 그리고 이런 눈물은 흔히 참된 슬픔과 애도에서 비롯되는 것이 아니라 어떤 목표를 성취하기 위한 도구적인instrumental 기능을 하기 쉽다. 내담자는 바로 그렇게 징징거리고 눈물을 보임으로써 타인의 관심을 얻고자 하고 있었으며, 자신이 얼마나 힘든가를 항의하고 있었다. 또 얼마간은 눈물을 통해 자신이 원하는 현실적 도움을 얻어내는 데 성공하기도 했다. 사실 그녀만이 그런 것은 아니다. 많은 여성들이 그녀처럼 안에서 치밀어 오르는 정당한 분노를 표현하지 못하거나 감정을 주체하지 못한 채 눈물부터 쏟는다. 우리 사회에서 여성은 흔히 어린 시절부터 자기

---

3 transference, 내담자의 전이에 대한 치료자의 무의식적인 반응, 즉 치료자의 감정, 태도, 사고를 말한다. 넓은 뜻으로는 치료자가 내담자에 대해 품는 의식적/무의식적인 감정 반응 전체를 의미한다.

주장이나 분노를 억제하도록 교육받는다. 그래서 정당한 분노의 표현과 자기주장이 방해를 받게 되며, 화가 나는 순간 자동적으로 눈물부터 쏟게 되는 것이다. 이때의 눈물은 정당한 내면의 감정을 표출하고 주장하지 못하도록 방해하는 역기능적인 역할을 하며, 동시에 간접적인 분노의 표현이 되기도 한다.

어느 날 내담자는 시어머니에게 서운한 점을 털어놓다 그만 감정이 폭발해 울음을 터뜨리고 말았다. 시어머니는 "기다리면 좋은 날이 올 거다. 내가 이 재산 다 갖고 가겠냐? 네 것 아니겠냐?"며 또 다시 내담자를 회유했고, 그녀는 그 일에 대해 "시어머니가 그렇게 말하니까 왠지 사과해야 할 것 같았어요. 얼굴도 못 쳐다보겠고, 죄송하다고 했지요."라고 내게 말했다. 그러나 이후로 시어머니는 며칠간 전화를 하지 않았고 내담자는 불안해졌다. 그 당시 내담자는 자기가 흘리는 눈물의 의미를 알지 못하고 있었으며, 눈물을 쏟는 순간 타인의 눈치를 봐야 했고 또 다시 거절에 대한 불안, 후회, 죄책감이 발동되고 있었다. 시어머니 역시 내담자가 흘린 눈물의 진정한 의미를 알지 못했고, 말로만 내담자를 위로하고 회유하였을 뿐 실제로는 오히려 내담자를 밀어내고 있었다.

시어머니는 내담자를 위로하였는데 왜 전화를 하지 않았을까? 내담자의 눈물을 접한 시부모나 다른 사람들의 내면에서 일어난 반응은 어떠한 것이었을까? 사실 주의 깊게 함께하지 않는다면 우리는 타인의 내면을 이해하는 데 서투르다. 특히 누군가가 반복해서 지겹게 눈물을 흘린다면 그 눈물의 숨은 의미를 깨닫지 못하거나 회피할 수도 있으며, 눈물에 대한 극히 주관적이고 감정적인 반응이 앞설 수도 있다. 예를 들어, 시어머니는 며느리를 적어도 위로해 주고 싶었겠지만 '또 우는구나! 징징거리는구나! 그러다 말겠지!' 라고 생각하며 짜증을 내고 오히려 그녀를 밀어내고 싶어졌을 수도 있다. 아니면 우는 아이 떡 하나 더 준다는 심정으로 약간의 보상을 던져 주고 말았을 것이고, 며느리가 눈물을 통해 전달하고자 했던 이면의 메시지는 하나도 귀담아듣고 싶지 않았을 수도 있다. 마치 어떤 때는 지루하고 짜증이 나서 그녀의 말을 귀담아 듣고 싶지 않았던 나처럼 말이다. 이런 결과는 내담자가 바라던 사랑과 위안이 아니었다. 그녀는 울음 때문에 오히려 우습게 보였고 아무렇게나 대해도 괜찮은, 귀찮은 존재쯤으로 여겨지고 있었다. 그녀에게 눈물은 의지할 수 있는 최후의 수단이었지만, 언제나 그 효과는 미력했고 일시적이었으며 역효과였다.

그러나 무엇보다 가장 중요한 것은 그녀가 눈물과 불평을 통해 계속 자신의 책임을 회피하고 있었다는 점이다. 내담자는 자기 책임을 직면하고 받아들일 필요가 있었다. 하지만 그녀에게는 그런 자원이 많지 않았으며 살면서 그런 경험을 해 보지도 못했다. 그녀의 관계 양식은 언제나 수평적이 아니라 종속적이었는데 어떤 때 나는 그녀에게 "당당해져! 왜 그것 밖에 못해!" 라고 말하고 싶어졌으며, 때로는 벌을 주고 싶은 욕구를 느끼기도 했다. 그녀의 아버지나 시어머니처럼 권위적인 인물 혹은 가혹한 초자아super ego[4]노릇을 하고 싶었던 것이다. 그러나 나는 참을 수밖에 없었다. 왜냐하면 내가 그렇게 한다면 그녀는 내 눈치를 볼 것이고, 다른 사람들의 명령을 듣듯이 내 명령(?)을 충실히 이행하지 못한 죄책감에 그리고 거부당할 것에 대한 불안감에 시달릴 것이 뻔하기 때문이다. 그리고 설령 그 명령을 이행한다고 해도 그건 그녀가 친구들, 선생님 그리고 시어머니에게 순응해 왔듯이 대상을 바꿔 순응한 것에 지나지 않기 때문이다. 그녀는 달라지지 않을 것이다.

반면에 만일 내담자를 달래 주고 위로하거나 조언하려고 했다면 나는 그녀에게 돈을 주고 산 안전한 친구 노릇밖에 하지 못했을 것이다. 반대로 그녀를 다그치며 처벌했다고 해도 내담자와 나는 또 다른 형태의 곤경에 처했을 것이다. 왜냐하면 지시를 받고 처벌을 당할 때 그녀는 영원히 명령을 받기만 하는 '순응자'이자 '희생자'로 존재할 것이기 때문이다. 지시를 수행하지 못한 것에 그녀가 미안함이나 죄책감을 느낄 수는 있지만, 근본적인 책임은 명령을 내린 권력자에게 있는 것이지 그녀에게 있는 것이 아니다. 그녀는 자기 안에서 스스로의 힘을 발견하고 개

---

4 super ego, 부모와 사회의 권위가 마음속에 내재화된 것으로 흔히 죄책감과 도덕규범, 양심의 근원이 된다.

척한 것이 아니다. 그녀는 스스로 결정하고 선택한 것이 아니다. 명령은 명령을 내린 자, 즉 나의 것이지 그녀의 것이 아니다. 그러므로 엄밀한 의미에서 그녀는 행동에 대한 책임을 지지 않아도 되며, 결국 눈물과 불평은 사라지지 않을 것이다.

따라서 어떤 이차적인 목적을 수행하거나 진실을 은폐하는 눈물이나 불평은 그 눈물의 의미를 공감적으로 탐지하고 해석해 주어야 하며, 내담자가 여기에 맞서고 도전할 수 있도록 도와야 한다. 그리고 천천히 내담자의 진화 속도에 맞추어 내담자의 발전 속도는 결코 빠르지 않다. 오히려 때로는 지루하고 퇴보하는 경우도 많다. 대부분의 내담자들은 변화에 저항하고 익숙한 기존의 관습을 유지하려고 한다. 그러나 느리고 더딜지라도 변화는 가능하다 자신의 욕구를 정당하게 주장하고 충족시킬 수 있는 더 나은 방식을 함께 탐색해 가야 한다.

치료자의 곤경

내담자는 나로 하여금 그녀를 위로하지도, 다그치지도 못하는 곤경에 처하게 만들었다. 나는 그녀가 흘리는 눈물과 그 눈물의 이면에 있는 감정의 의미를 공감적으로 감지하고 수용하면서 기다려야 했고, 그러면서 내담자가 스스로 자신의 문제를 볼 수 있는 기회를 주어야 했다. 그 중간에도 내담자는 불평과 눈물을 그치지 않았다. 나는 때때로 울고, 불평을 늘어놓으며, 그러면서도 타인의 눈치를 살피고 죄책감을 느끼는 자아의 기원을 조금씩 탐색해 들어갔다. 그러나 그 탐색은 불평과 불만에 묻혀 깊이 들어가지 못하거나 좌절되기 일쑤였다. 그녀의 자아는 자기를 탐색하고 수용하기에 너무 허약해 보였기 때문에 내담자의 허약한 자아 강도를 강화하는 것이 우선적인 과제였다. 나는 내담자를 지지하면서 한편으로 가끔씩 부드럽게 불평의 기원을 탐색하면서, 그런 불평을 늘어놓고 무기력한 내담자의 모습을 반영하였다. 나는 물었고 그녀는 대답했다.

"언제부터 그렇게 눈치를 살폈나요?"
"결혼 전부터 누구에게나 눈치를 많이 본 것 같아요"
"그런 자신이 어떤가요?"
"답답하고 한심해요."
"자신이 어땠으면 좋겠나요?"
"할 말 못하는 내 자신을 바꾸고 싶어요. 하지만 '쟤는 좋아, 좋은 애야!' 라는 소리를 듣고 싶기도 하고……."

내담자는 초등학교 이전부터 '좋은 사람' 이라는 말을 듣고 싶어서 감정이나 생각을 제대로 솔직하게 드러낸 적이 별로 없었다. 그녀는 착한 여자, 착한 사람 콤플렉스라는 덫에 걸려 있었다. 학창 시절 그녀는 항상 친구들에게 무엇인가를 먼저 사 주었고, 부탁을 받으면 거절하지 못했으며, 지금도 여전히 그러하였다. 그러나 내가 "그렇게 해서 원하는 것을 얻었나요?"라고 물었을 때, 그녀는 "내 마음을 열 수 있는 친구는 한두 명 뿐이에요."라고 말할 수 있었을 뿐이다. 그리고 "자기 감정을 다 표현하면 어떻게 생각할까요?"라고 다시 묻자, 그녀는 여전히 "글쎄요. 안 좋은 사람으로 보지 않을까요."라고 답하였다. 그녀 안에는 화를 내거나 감정을 솔직하게 표현하면 사람들이 자신을 싫어할 것이라는 잘못된 예측과 불안, 엄숙한 도덕주의가 깔려 있었다. 그렇게 그녀는 착했지만, 자기희생을 대가로 그녀가 얻은 것은 별로 없었다. 정작 믿을 수 있는 사람은 얼마 되지 않았던 것이다.

그래서 나는 자기주장을 격려했고, 자신의 감정과 생각, 욕구를 솔직하게 드러내고 주장하는 숙제를 부여하기도 하였다. 그러나 그녀는 좌절한 채 고개를 숙이며 돌아오기 일쑤였다. 한 회기에서, 그날도 그녀는 열심히 시어머니에 대한 불평을 늘어놓고 있었다. 나는 불평을 듣기가 지루해졌으며 한편으로 그녀가 자기 안에 숨어 있는 힘을 깨닫기를 바랐다. 나는 어쩌면 그녀가 자기 안에 있는 힘을 깨닫고 받아들이기를 회피하고 있을 수도 있다고 생각했다. 왜냐하면 그런 힘이 자신에게 있음을 깨닫는 순간 그녀는 책임을 져야 할 테니까 말이다. 그래서 나는 그녀에게 과감하게 물었다.

"시어머니가 당신에게 두려워하는 것이 있다면 무엇일까
  요?"
"모르겠어요. (한참 침묵하다가) 내가 떠나가는 것?"
"그런가요? 그게 당신의 무기인가요?"
"그 말에 대답하기는 어렵네요."
"떠나는 것을 대항할 수 있는 무기라고 생각하고 있지 않
  나 보네요."
"모르겠어요. 그냥 여기 있는 게, 순종하는 게 당연한 것
  같아요."

내담자는 모르겠다며 고개를 절레절레 흔들었고 이내 다시
눈물을 터뜨렸다.

또 다른 장면에서, 그녀는 "남편이나 시어머니나 말뿐이고,
이제는 더 이상 기대가 없어요. 내가 이혼을 하겠다고 하면 시어
머니는 무언가를 또 주겠다고 하거나 남편과 아이를 이용해 나
를 붙잡으려 할 것 같아요."라고 말했다. 그녀는 주변 사람들이
자신에게 원하는 것과 두려워하는 것, 자신을 매어 두기 위해 사
용하는 전략들을 깨달은 것 같았다. 그러나 그녀는 "친구들이,
시어머니가 나를 안 좋게 볼 텐데!"라고 걱정하면서 불평과 눈
물, 죄책감과 거절, 불안을 오가는 원래의 방식대로 다시 돌아오
곤 했다. 이런 작업들이 지루하게 반복되었다.

자기의 직면과 회복

　내담자는 조금씩 깨달아 가는 것 같았지만 치료가 진행되면서 불편감은 더욱 가중되었다. 치료는 결코 내담자를 편하게 만들지만은 않는다. 치료 과정에서 내담자는 그동안 회피해 왔고 몰랐던 불편한 진실들을 들여다보게 되며 그래서 때로는 혼란과 불편감이 더욱 가중되고, 이런 이유 때문에 치료 과정을 회피하려는 내담자들도 있다. 그러나 모든 역사가 그러하듯이 한 개인의 역사에서도 은닉해 왔던 진실의 고고학적 탐색과 발견이 없으면 변화는 없다. 그러므로 그 힘든 과정을 견뎌 내고 드러난 진실을 받아들일 수 있도록 치료자는 내담자에게 든든한 버팀목이 되어 주지 않으면 안 된다. 내담자를 고문하는 것도 치료자일 수 있고, 내담자 옆에서 내담자와 함께 버텨 내는 것도 치료자인 것이다. 어쨌든 남편과 시부모에 대한 서운한 감정들이 더욱더 의식으로 올라왔고, 이전에는 억누르던 감정들도 피하기 어렵게 되었다. 그녀는 자기 감정을 속일 수 없게 되었으며, 자신이 눈치를 본다는 것을 깨달았고, 상대방보다 먼저 항상 꼬리를 내리고 울음을 터뜨리며 무너진다는 것도 깨달았다.

　그러나 깨달음은 의식적 수준에 머무르기 쉽고, 그 깨달음이 몸으로 익숙해지기 위해서는 시간과 연습이 필요하다. 예를 들어, 그녀는 치료 장면에서 힘을 얻어 간혹 미숙하나마 서운한 점들을 이야기하기도 했다. 하지만 이내 사죄를 하고 다시 치료 장면에 돌아와 남편과 시어머니를 비난하거나 눈물을 흘리면서 붕괴되는 과정들을 반복하였다. 시어머니가 "너, 나한테 서운한 게 뭐냐?" 라고 물었을 때, 그녀는 "아니에요. 죄송해요. 남편 때문에 그래요."라고 하며 분노 감정이 있음을 부인하고 남편 탓으로 돌리며 얼버무려 버렸다. 내가 그 이유를 묻자 그녀는 "시어머니를 미워한다는 게 잘못하는 것 같다."라고 말했다. 내담자는 불편한 감정들을 견디지 못했다. 분노를 느끼는 것은 그녀의 죄책감을 유발하고 있었다. 그러므로 그녀는 먼저 불편한 감정들을 보유하고 견디는 법을 배울 필요가 있었다.

균열과 붕괴는 다른 사람 앞에서뿐 아니라 그녀 안에서도 일어나고 있었다. 내담자의 말은 얼굴표정이나 심장과 일치하지 않았고, 그녀가 조심스럽게 선별한 말들은 감정을 배반하고 있었다. 웃는 표정 역시 진실한 감정을 가리고 있었다. "나는 ~이 서운했어요."라고 말하면서도 그녀의 얼굴은 웃고 있기 일쑤였고 말을 끝낸 후 곧 울음으로 무너져 버리곤 했다. 몸과 말이 불일치했고, 말과 감정이 불일치했으며, 몸이 감정을 정직하게 담아 내거나 버티지 못하고 있었다.

사람들 중에는 먼저 화를 낸 후 금방 웃거나 사과를 하는 사람들이 있다. 그러면 내가 당황하고 머쓱해지거나 '저 사람이 무안해서 그러나 보다. 아니면 불편한 것을 참지 못하나 보다.' 하는 생각이 든다. 그러나 사람은 불편한 감정도 견딜 수 있어야 한다. 적어도 불편감을 느끼는 것이 정당한 상황이라면 말이다. 내가 불편하다는 이유로 이전에 느꼈던 감정들을 사죄해 버리거나 먼저 취소해 버리다 보면 모든 것이 내가 잘못한 것이 되어 버리기 일쑤다. 그러므로 내담자와 나는 불편한 감정들을 보유하고 견디며, 몸과 마음을 일치시키고, 이를 표현하는 작업들을 조금씩 함께해 나가야 했다. 문제의 통찰과 해결은 단 한 번에 마술적으로 이루어지지 않는다. 내담자들은 동일한 주제를 반복해 밟아 나가면서 나선형으로, 때로는 퇴보하면서 진보한다. 그러면서 힘겹게 한 걸음씩, 한 단계씩 나아가는 것이다.

그렇게 십여 회기가 지났을 즈음에 치료적 계기가 찾아 왔다. 그 날도 내담자는, 말은 상의를 한다고 하지만 주변 사람들이 자기들끼리 항상 결정을 내리고 그녀의 의견은 중요하게 생각하지 않는다며 불평을 하고 있었다. 내가 "그럼 자기 의견을 이야기해 본 적이 있나요?"라고 묻자, 그녀는 "내 의견을 이야기해도 받아주지 않을 것 같아요."라고 말했다. 그녀는 해도 소용이 없을 거라고 절망적인 결과를 먼저 예측하고 포기하고 있었던 것이다. 그렇게 생각하는 이유가 무엇인지를 다시 묻자, 그녀는 "내가 강하게 이야기하지 못하니까 그렇겠죠. 만만하게 보이고……." 하면서 말꼬리를 흐렸다. 한참 있다가 그녀는 "그 집에서 내 존재가 뭔지를 모르겠어요."라며 또 다시 눈물을 흘렸다. 나는 말했다.

"가족 내에서 자신의 존재의 의미를 찾지 못하고 있는 것 같군요. 그런데 그 존재는 누가 만들지요?"

그녀는 대답하지 못했다. 나는 그녀에게 약간 짜증이 난 상태에서 "실제로는 자기가 원하는 것을 이야기할 수도 있는데 이전부터 그렇게 살아오지 못한 것 같아요. 지금도 남편이나 시부모가 알아서 해 주기를 바라는 것은 아닌가요?"라고 물었다. 그리고 연이어 "그런 자기 자신이 어떻지요?"라고 물었다. 나는 질문에서 느껴지는 감정에, 그 감정의 주인인 그녀 자신의 책임에 초점을 맞추었고, 그녀는 말했다.

"답답해요. 바보같아요."

"그런 나를 느껴 보시겠어요? 그런 내 자신이 어떤가요?"

"괴로워요. (눈물을 흘리며 훌쩍거리며 한참 있다가) 이 상황에서 벗어나고 싶어요."

"어떻게요?"

"가족이라는 울타리에서 나오고 싶어요. 이용당했다는 생각밖에 안 들어요. 처음에는 시부모님이 나한테 조금은 미안해하기도 했는데, 그래서 하고 싶은 말도 못하고……. 근데 시간이 갈수록 점점 '네가 조금만 참지, 왜 못 참았냐?'며 남편이 집에 안 들어오는 게 내 책임처럼 말하고……. 화가 나지만 말도 못하고요."

그녀는 자기의 책임을 회피하면서 또다시 외부로 책임을 돌리고 있었다. 하지만 자신이 화가 났다는 것은 인식하고 있었기 때문에 나는 다시 내담자의 자아에 초점을 맞추었다.

"누가 말을 못했나요?"

"내가 못했죠."

"그런 내 자신이 어떤가요?"

"바보 같죠. 시부모는 다 버리고 떠날 수 있다고 하는데, 솔직히 겁도 났어요."

"시부모에게 의지하고 있고 그래서 불안했군요. 시부모에게 의지하는 그런 내 자신이 어떤가요?"

그녀는 비참하다고 말했다. 나는 빈 의자 기법empty-chair technique[5]을 동원하여 그녀 안에 있는 두 개의 자기를 분리하였다. 인간에게는 자기의 모습이 여러 개 있다. 예를 들면, 그녀에게는 현재의 비참함을 유지하기를 원하는 무기력한 자기가 있었고 또 그런 자기를 벗어나기를 원하는 자기가 있었다.

---

5 empty-chair technique, 빈 의자에 중요한 사람이 앉아 있다고 생각한 후 그 모습을 상상해 보거나 하고 싶은 말을 시연하게 하는 대표적인 게슈탈트 치료 및 정서치료적 기법의 하나다. 상상한 인물과 역할을 바꾸어 시연해 볼 수도 있다.

"자, 여기 의자에 비참한 내가 앉아 있다고 생각해 보시겠어요? 말도 못하고, 해 주기를 바라고, 시부모에게 의지하는 자기를요. 내 모습이 어떻게 보이나요?"

"초라하고 힘없고 안돼 보여요."

"기분은 어떻지요?"

"한심해요. 불쌍해 보여요."

그러면서 그녀는 계속 눈물을 흘렸다.

"그녀에게 무슨 말을 하고 싶은가요? 하고 싶은 말이 있으면 해 보시겠어요?"

"너 왜 그러고 있니? 정말 바보 같다. 그렇게 살지 마라."

"좋아요. 한 번 더, 크게 말씀해 보시겠어요?"

"그렇게 살지 마. 당당하게, 힘 있게, 자신 있게 살아. 너는 잘 살 수 있어."

"무엇을 믿고 잘 살 수 있나요?"

"너 자신을 믿고. 잘할 수 있어. 믿을 수 있는 건 너 자신뿐이야."

"그 말에 응답해 보시겠어요? 바보 같은 내 자신이 뭐라고 하나요?"

"아무 말도 하지 못해요. 힘없이 그대로 있어요. 답답하고 불쌍해요. 포기하는 것 같고 저렇게 살다 죽을 것 같아요."

"무기력한 모습이군요. 그 모습이 어떤가요?"

"속상하고 별로 신경 쓰고 싶지 않아요."

"포기하는 건가요?"

"그건 아니에요. 하지만 지금은 보고 싶지 않네요."

　나는 빈 의자 기법을 이용해 문제를 일으킨 책임이 내담자 자신에게 있으며, 그 문제를 극복할 책임도 자신에게 있음을 보게 하고 싶었다. 그녀는 무기력한 자신의 모습을 보았고 그런 자신을 책망하였다. 거기에는 자기혐오와 자기 연민이라는 상반된 감정이 동시에 수반되고 있었으며, 이런 모순된 감정들이 그녀를 이러지도 저러지도 못하게 만들고 있었다. 그러나 마지막에 내담자는 "속상하다."며 자신에 대한 실망과 일말의 분노감을 표현하면서 자신을 외면할 수 있었다. 치료자가 보기에는 그것이 바로 그녀 안에 있는 힘의 자원이었다. 아직 분노감이 생생히 드러나거나 긍정적인 에너지로 변형되지는 않았지만, 분노는 드디어 눈물을 뚫고 올라와 모습을 드러내고 있었다.

　이 작업 이후 그녀에게는 "나 자신이 뭔가? 어떻게 하면 강해질 수 있을까?"하는 질문들이 머릿속에서 떠나지 않았다고 했다. 한 번은 그동안 헤어져 살던 남편과 합치고 이사를 하라는 시부모의 일방적인 지시에 하고 싶은 말과 반항심이 목구멍을 맴돌았지만 표현을 하지 못했고, 결국은 평소 하던 대로 울음을 터뜨리고 말았다. 그리고 그날부터 몸이 아프기 시작했다. 몸살을 앓으며 몸이 반항을 하고 있었던 것일까? 내담자는 갑자기 '내가 말을 못하면 또 내 책임으로 돌아오겠구나!' 하는 것을 깨달았고, 그때부터 남편과 시부모의 전화를 받지 않는 수동적인 저항을 시작했다. 이것이 그녀가 할 수 있었던 첫 번째 저항이었다. 그리고 여러 번의 망설임 끝에 결국 지금 사는 집에서 그냥 살겠으며, 시어머니가 내 책임이라고 몰아붙이는 것도 상처가 된다고 말을 하는 데 성공했다. 내담자는 그 말을 하는 내내 조마조마하고 식은땀을 흘려야 했지만 눈물을 흘리지는 않았으며, 그런 후 "좋았어요. 조금 개운하면서도 더 했어야 하는데 하는 미련이 남았어요."라고 말했다. 내가 "생각했던 것만큼 힘들었나요?"라고 물었을 때 "그래 본 적이 없어서 전화를 안 받고 하는 게 불안했지만, 그러니까 시어머니가 더 안달하는 것 같았어요."라고 대답했다.

그녀는 자기를 직면하면서 조금씩이나마 자신이 그동안 어떻게 해 왔는지 진정한 자기의 모습을 받아들였고, 자기 안에 있는 힘을 깨달아 갔다. 그녀는 빈 의자 기법에서 자신을 직시하며 눈물을 흘렸는데, 이때 흘린 눈물은 이전처럼 도구적인 눈물이 아니라 무기력한 자기를 보는 것에 대한 진정한 눈물이었다. 이러한 직면이 가혹해 보일 수도 있다. 내가 왜 하필이면 이때쯤에 허약한 그녀에게 자기를 직면시켰는지 모르겠다. 아마도 잠시, 그녀에게 이런 힘든 작업을 해야 할지 망설였을 것이다. 그녀와 나와의 관계가 이런 작업을 이겨 낼 만큼 그렇게 강하고 튼튼한

지 의심하기도 했고, 그녀의 허약한 자아가 견뎌 낼 수 있을지 불안했을 것이다. 어쩌면 약한 그녀의 모습이 나에게 이런 불안을 일으켰을지도 모른다. 그러나 나는 불평하고 징징거리는 그녀의 패턴에 충분히 짜증이 났으며, 찾아온 기회를 놓칠 수 없었던 것이다. 그녀는 오랫동안 허약한 자기의 직면을 회피해 왔고 더 이상 직면을 미룰 수 없었다. 물론 이런 직면은 충분히 신뢰할 수 있는 치료적 관계가 성숙된 후에 시도되어야 한다. 믿을 수 있는 치료적 관계가 아니라면, 내담자는 오히려 위험성을 느끼고 한걸음 물러서거나 치료자가 자기를 함부로 대한다고 느낄 수도 있다.

다행히 내담자는 힘든 작업을 잘 이겨냈다. 내담자는 무기력한 자기의 모습을 보았고, 무기력한 원인이 자신에게 원인이 있다는 것을, 그와 동시에 그것을 이겨 낼 힘 역시 자신에게 있다는 것을 인정하지 않으면 안 되었다. 그다음 회기에 내담자는 "선생님처럼 직시를 해 준 사람이 없었어요."라고 말했다. 잠시 나는 생각했다. '내가 너무했나?' 하지만 이어진 내담자의 말을 듣고 나는 안심했다. 내가 "앞으로의 장애물은 뭐 같지요?"라고 묻자, 그녀는 명쾌하게 "눈치를 보거나 어머니를 닮은 성격, 눈물 먼저 나오는 것이요."라고 말했다. 나는 한 번 더 밀어붙였다.

"어떻게 이겨 낼 거지요?"

"계속 상담을 받고 자기암시를 할 거예요. 해낼 수 있다고요."

"그런 신념의 근거는 뭔가요?"

그녀는 잠시 생각하다가 "남의 인정을 많이 받았고, 일을 못한 적은 없었어요. 하려고 마음만 먹으면요. 그동안은 겁을 먹고 안 하려고 했던 것 같아요."라고 말했다.

그녀는 이후 두 회기가 지나기 전에 눈물을 흘리며 서운하다는 말을 반복하는 우여곡절을 겪기는 했지만 처음으로, 누가 요청하거나 거들지도 않았는데 자발적으로 이혼과 양육비를 요구하는 주장을 하는 데 성공하였다. 게다가 "기회를 한 번 더 다오, 네가 이렇게 힘든 줄 몰랐는데 충격이다."라는 항복(?)을 받아내기도 했다. 그녀에게는 이런 주장이 처음이었고, "시부모님이 눈도 깜짝하지 않을 줄 알았는데 놀랐다. 잠시지만 마음이 편안했다."라고 말했다. 그녀는 훌륭한 내담자였다.

내 안의 적과 조우하기

우리를 괴롭히는 적은 밖에만 있을까? 더 큰 적은 항상 내 안에 있다. 이전부터 내담자는 아무도 그런 말을 한 적이 없고 시부모나 남편 입장에서는 전혀 그럴 상황이 아니었음에도 불구하고 자기 혼자 "이혼하라."는 말이 나올까 봐 두려워하고 있었다. 그녀는 혼자서는 자신을 상상해 본 적이 없었다. 직업을 갖거나 가게를 운영하는 자신을 생각해 본 적이 없었고 실패할까 봐 두려웠다. 누군가의 도움 없이, 남편이라는 그늘 없이 사는 것이 두려웠고, 이혼녀로 낙인이 찍히고 손가락질을 받을까 봐 두려웠으며, 자녀에게 아빠 없는 아이라는 상처와 오명을 안겨 줄까 봐 두려웠다.

그녀는 남성에 대한 환상을 갖고 있었다. 그녀는 권위적인 아버지를 두려워하면서도 자신을 지켜 줄 수 있는 강인한 남성을 원하고 있었으며, 어머니처럼 그 울타리 안에서 머물기를 원하고 있었다. 그러나 아쉽게도 남편은 그런 강한 남성이 아니었다. 남편은 무기력했고 어린아이와 같았다. 그는 남자로서 사는 법을 몰랐다. 한두 달 다니다가 직장을 그만두기 일쑤였으며, 11시, 12시까지 늦잠을 잤고, 시어머니 앞에서는 고개를 푹 숙인 채 말 한마디도 제대로 하지 못했다. 그러다가 게임에 빠져 며칠씩 집을 나가 있곤 했다. 남편은 그렇게 사춘기의 청소년처럼 집을 나가서 게임을 탐닉하거나 술을 마시면서 간혹 수동적인 반항을 할 뿐, 어머니의 치마폭을 벗어나지 못한 무기력한 어린아이와 같았다.

많은 여성이 "우리 아들이 얼마나 훌륭하고 착했는데……." "과거에 우리 남편은 어땠는데……." 하면서 아들의 과거 잘난 모습을 그리워하곤 한다. 그러나 지금 우리 앞에 있는 현재의 남성은 그런 영광스러운 남성이 아니다. 내담자가 말하는 과거의 모습은 대부분 판타지에 불과하다. 설사 그런 모습이 과거에 있었다고 해도 그 영광을 재현하려면 지난한 수고가 필요하다. 내담자는 남편의 실제 모습을 직시하고 받아들일 수 있어야 했다. 꿈꾸던 남성에 대한 환상을 포기해야 했고, 여성으로서 꿈꾸던 미래에 대한 환상과 소망 역시 포기해야 했다. 나중에 심층적인 탐색 후에 알게 된 사실이지만, 내담자가 남편과 결혼한 이유의 일부는 연민 때문이었다. 그녀가 회상하기에, 남편을 처음 만났을 때 남편은 안쓰러워 보였다. 이런 그녀의 연민에는 자신에 대한 미움과 사랑을 타인에게 투사[6]하고, 타인을 통해 자신을 구원받고자 하는 욕망이 내재해 있었다. 그녀 안에 있는 무기력감이 남편에게 투사되었고, 남편의 모습에서 자기를 보았던 것이다. 그러므로 남편의 무기력감은 내담자의 다른 얼굴이었고, 그렇게 자기가 중첩된 남편의 모습이 내담자에게 연민을 일으켰던 것이다. 그리고 이런 연민이나 구원에 대한 환상은 내담자 안에 있는 것이었다.

그러나 선택은 과거의 일이며 과거는 되돌릴 수 없다. 언제나 그렇듯이 선택권은 제한되어 있다. 내담자에게는 세 가지의 선택만이 가능했다. 자신을 바꾸거나 상대방이 스스로 변화하거나

---

6 현실에서 받아들이기 어려운 무의식적 감정이나 욕구, 소망 등을 타인에게로 돌려서 타인이 그 감정이나 태도의 주인인 것처럼 지각하는 것으로 방어기제의 하나다.

아니면 현재 운명에 계속 순응하거나. 두 번째는 불가능했고 세 번째 길은 이미 지나온 길이었다. 내담자는 자신을 바꾸어야 했으며, 자신을 바꿈으로써 남편과 주변 사람들을 변화시켜야 했다. 사람들은 누군가를 변화시켜 달라고 말한다. 하지만 지금-여기 없는 사람을 바꿀 수는 없다. 누군가를 변화시키려면 내가 먼저 변해야 한다.

나는 그녀에게 운명의 주인공이 누구인지 물었다.

"당신은 자신의 인생의 행복이 남편에게 달려 있다고 생각하나 보네요."

"그러네요. 어릴 때부터 아빠 같은 남자, 강하고 책임감 있는 남자를 꿈꾼 것 같아요. 엄마는 아빠가 벌어다 주는 돈만 타서 쓰고, 순응적이었거든요. 한마디 말도 제대로 못했죠. 그 모습이 그리 좋아보이지는 않았지만, 그렇게 살고 싶었던 것 같아요."

"그런데 아쉽게도 남편은 당신이 바라던 아빠 같은 사람이 아니군요. 운이 없었네요. 그런 자신이 어떻지요?"

"실망스럽기는 하네요."

한동안 그녀는 말을 잊지 못했다. 그리고 더 이상 울지도 않았다.

지루한 반복의 나선형

이후 내담자는 많이 아팠다. 머리가 아팠고, 소화가 안 되어 식도염과 만성 위염에 시달렸다. 어깨가 아프고 잠도 잘 못 잤다. 누군가가 죽고, 귀신이 나오거나 사람들에게 시달리고 쫓기는 악몽에 시달렸다. 피로하고 팔다리가 떨렸다. 몸에 힘이 없고 깊은 호흡을 하지 못했다. 그때쯤 그녀는 눈물을 그치고 이전에 자신이 얼마나 외롭고 지쳐 있었던가를 진심으로 이야기했던 것 같다. 하긴 그 전에는 비탄과 눈물뿐이었으니까 그런 내면의 황량함을 느끼고 표현할 기회가 거의 없었다. 그녀에게 몰려온 몸의 증상과 통증들은 이전부터 있던 것들이었지만, 그동안의 긴장과 투쟁 때문에 아플 여력이 없었던 것일까? 아니면 자신의 황폐한 내면을 깨닫고 받아들이는 순간 몸이 그것을 감지하고 아파 왔던 것일까? 아마 둘 다였을지도 모른다. 이전에는 느끼지 못했던 우울감이 밀려왔고 내담자는 그 우울감을 몸으로 받고 견뎌 내야 했다. 그러나 그녀는 이전과 달리 쉽게 굴복하거나 무너져 내리지 않았다. 몇 년 전 집에 차압이 들어와 놀란 후로는 수면제와 공황장애 약을 복용하며 견뎌 왔었지만, 이제는 약을 먹지 않고 자신의 힘으로 고통을 견뎌 내고 싶어 했다. 우리는 황량한 그녀의 내면을 들여다보고 받아들이면서, 자기 안의 힘을 믿고 그 힘이 자라나는 것을 고양하면서 긴 시간을 함께 건너갔다.

나는 이완 요법과 봉지 호흡법, 인지적 교정, 노출 훈련 등 공황 발작을 이겨 낼 수 있는 몇 가지 기법들을 시험하면서 그녀가 이 과정을 이겨 낼 수 있도록 지지하였다. 내담자의 신체적 증상들은 그동안 해결되지 못한 채 잠복하고 있던 감정들과 무기력감에서 비롯된 것이었다. 그러나 그 무기력감은 갑자기 극복될 것도 아니었고 거기에 굴복해야 할 것도 아니었으며, 오히려 견디고 받아들여야 할 것이었다. 내담자는 자신이 무기력한 존재였음을 받아들여야 했다. 내담자는 강해진 것 같다고 하다가도 한순간 무너지는 자신을 본다고 말했다. 짜증과 자기비난이 반복되었다. 남편에 대한 분노가 치고 올라와 목을 채웠으며, 그 분노가 자녀에 대한 짜증으로, 자신에 대한 무기력감으로, 무기력한 자신에 대한 질책으로 변질되면서 갈피를 잡지 못했다. 스스로 서야 한다는 것을 알았지만, '나 혼자만 책임을 져야 하나. 내가 왜 이렇게 살아야 하나. 내 인생이 왜 이렇게 되었나.' 하는 원망들이 다시 모습을 드러냈다. 그 원망은 분노의 표현이기도 했지만, 그 바닥에는 혼자 서야 하는 것에 대한 두려움과 누군가에게 의지하고 싶은 마음이 자리를 잡고 있었다. 치료의 주제는 이제 의존성과 분노로 변화하였다.

또 다른 전이[7]와 역전이: 거기에 작은 아이가 있었다

의존성을 다루는 지루한 작업 끝에 내가 지금은 잘 기억나지 않는 무엇인가에 대한 의견을 물었을 때그렇다. 그것은 그녀 자신의 의견 이었다. 그녀는 눈을 피한 채 우물쭈물하면서 "모르겠어요. 생각이 안 떠올라요." 혹은 "무엇이든 열심히 잘 노력해야죠."라고 모호하게 요점을 흐리면서 그러나 누구나 내놓을 수 있는 막연한 정답으로 응수했다. 그것은 누구나 대답할 수 있고 누구에게나 듣기 좋을 수 있는 흔한 내용이었지만, 그녀 자신의 의견이나 구체성은 결여되어 있었다. 내가 듣고 싶었던 것은 정답이 아니라 그녀 자신의 의견이었다. 치료자는 해답을 줄 수 없다. 해답은 내담자의 안에 있는 것이고 내담자 스스로 발견하는 것이다. 해답은 안개처럼 몽롱하게 스며들어 있다가 어느 날 내담자 안에서 섬광처럼 솟아오른다. 그녀는 분명 길을 가기 위해 안개 속에 용감하게 발을 들여놓았지만, 한편으로 여전히 삶의 책임을 회피하고 있었으며 마치 주눅 든 학생처럼 눈을 피한 채 모호하고 듣

---

7 transference, 아동기에 중요한 사람들과의 관계에서 경험했던 느낌, 사고, 태도 등이 현재 맺고 있는 다른 사람들과의 관계에서 전치되어 나타나는 것을 말한다. 전이는 무의식적으로 일어나며, 치료적 상황에서는 치료자와의 관계에서 재현되지만 일상적인 사회적 관계에서도 일어난다.

기 좋은 대답만을 나열하고 있었다. 그녀가 정말 답을 몰랐을 수도 있지만, 그녀의 대답에는 알맹이가 결여되어 있었고 그녀만이 내놓을 수 있는 해답이 결여되어 있었다. 그녀는 야단맞는 학생 혹은 죄인처럼 반응하고 있었으며 나는 나대로 그녀가 나에게 해답을 내놓기를 바라고 있다고 느꼈다. 나는 내 안에서 자꾸 해답을 주고 싶어 하고 다그치고 싶어 하는 나 자신을 감지했다. 이게 뭘까? 내가 그녀를 다그쳤던 것일까? 우리는 지금 어떤 관계에 있는 것일까? 그녀와 나의 관계는 어떤 관계에 있는 것일까? 우리는 질문을 하고 답을 하는 교사와 학생의 관계에 놓여 있는 것일까? 나는 혼란스러웠다. 나는 지금 이 자리에 대한 느낌이 어떤지, 나에 대한 느낌이 어떤지 물었다.

"나에 대한 느낌이 어떤지요?"

"무슨 소리를 듣지 않을까……. 시부모에게 의지하는 게……."

"나한테 야단을 맞을 것 같군요. 그럼 지금 이 자리의 느낌은 어떤가요?"

그녀는 한참 만에 우물쭈물하다가 "답답해요."라고 말했다.

"무엇이 답답한가요?"

"모르겠어요."

나는 가만히 있다가 다시 물었다.

"그럼 다시 묻겠는데, 나에 대한 느낌은 어떤가요?"

그녀는 "선생님이 무엇을 바라는지 모르겠어요."라고 말했다. 나는 놀랐다. 내 짐작이 맞았던 것이다. 그녀는 내가 원하는 해답을 내놓지 못해 그토록 고심하고 있었던 것이다. 그녀는 연이어 말했다.

"안 좋은 이야기를 들으면 어쩌나, 틀린 답을 내 놓으면 어쩌나 싶어서요."

그녀는 나를 권위적인 존재로, 자신을 평가하는 교사로 대하고 있었던 것이다. 그녀는 학생이었고 감독당하는 존재였다. 나 역시 그녀를 학생으로 대하면서 "빨리 독립해!"라고 외쳤고 "숙제를 내준 후 그것도 못하냐!"라고 야단을 치고 있었던 것이다. 나는 다시 물어야 했다.

"정답을 내놓아야 할 것 같군요. 마치 선생과 학생처럼 요. 다른 관계에서도 그랬나요?"
"거의 모든 관계가 그랬던 것 같아요. 상대방의 기분을 먼저 생각하고, 원하는 대답을 하고, 내 의견을 무시하고요."

"그랬군요. 그래서 지금 이 자리도 어렵고 무섭게 느껴지 겠네요."

"편한 상대가 없었어요. 사람들은 다들 왜 그랬냐고 뭐라 고 하니까요."

"사람들이란 항상 당신보고 뭐라고만 하는 존재네요. 나 는 어떤가요?"

"선생님이 어떻게 볼지 모르겠어요. 이럴 때 난감해요. 지금도 답을 알지 못하니까."

나는 잠시 침묵했다. 나 역시 나에게 답을 구하는 그녀가 난 감했으므로. 난감해진 나는 그 순간 나의 역전이 감정을, 즉 그 녀와 나와의 관계 속에서 내가 느낀 감정을 돌려주었다.

"나 역시 당신이 편하지 않답니다. 당신은 나를 가끔 야 단치고 싶게 만들지요. 당신에게 해답을 알려 줘야 할 것 같은 부담을 느끼고요."

순간 그녀는 당황한 표정이 되었다.

"충격이네요. 나는 기분 좋게 맞추려고 해 왔는데. 상대 방이 불편하지 않게 말이에요. (잠시 침묵) 앞으로 어떻게 해 야 되죠?"

그 물음표 안에서 그녀는 다시 나에게 해답을 찾고 있었다. 나는 솔직해질 수밖에 없었고, 그것은 나 자신에 대한 한계이자 그녀에 대한 예의였다.

"다시 누군가에게 해답을 바라고 있군요. 그 답은 당신 안에 있지 않을까 싶은데요."

한참 만에 그녀가 말했다.

"기분이 씁쓸하네요. 내가 잘못 산 걸까요? 왜 그랬을까요?"

내담자는 자신이 스스로 삶을 그렇게 만들어 왔음을 그러나 그 해답 역시 자신에게 있음을 받아들여야 했다. 그리고 이제 비로소 남편과 시부모가 아닌 진정한 자기의 상처, 자신이 살아온 삶에 대해 이야기하기 시작했다.

그녀는 집에서는 반항하고 속을 많이 썩이는 아이였지만 나는 그 이야기를 처음 들었고 잠시 당황스러웠다. 현숙해 보이는 태도와 행동에도 불구하고 그녀는 자신이 반항적인 아이였다고 자연스럽게 말하고 있었다. 심리학자들도 가끔 인상에 속는다. , 밖에서는 항상 착한 아이, 착한 친구였다. 친구들이나 교사가 하자는 대로 따라했고 자신의 의견을 이야기한 적이 없었다. 친구들의 비위를 맞추었고 별로 거스르고 싶지도 않았다. 내가 당황스러움을 추스르며 집안과 바깥 생활의 불일치를 반영하고 감정을 묻자, 그녀는 "놀고 나면 항상 허전한 느낌이었죠."라고 말했다. 나는 물었고 그녀는 모호하게 대답했다.

"채워지지 않는 느낌인가요?"

"글쎄요."

그녀의 대답은 불충분했고, 나는 다시 물었다.

"그 느낌을 그림으로, 이미지로 상상해 볼 수 있겠어요?"

"컵에 물이 하나도 없는 느낌, 공허감, 외로움, 내 존재감이 없는 느낌 같은 거요?"

"나라는 존재가 없군요. 그럼 그 공허감을 무엇으로 채울 수 있죠?"

"관심, 사랑, 애정이요?"

내담자는 자신이 사랑받고 있다는 느낌이 들지 않았다. 그녀가 보기에 부모님은 늘 바빴고, 공부 잘하는 큰 언니와 막내만 편애하였으며, 주말이면 아버지는 혼자 놀러 다녔다. 그녀는 관심을 끌기 위해 학교에 늦거나, 집에 늦게 들어가고, 사소한 물건을 훔치며 일부러 말썽을 부렸다. 그 이유는 질투 때문이었고 부모의 관심을 끌기 위한 것이었다. 그러나 그런 행동 후에는

"너 같은 자식이 왜 태어났는지 모르겠다!"라는 역효과만 돌아올 뿐이었다. 그녀의 전략은 실패했고, 오히려 자신이 사랑받지 못하는 존재라는 확신만 불러일으킬 뿐이었다. 물건이 없어지면 가장 먼저 의심을 받았고, 형제들과도 사이가 좋지 않았으며, 그럴 때마다 그녀는 자기가 공부를 못해서 무시를 당한다고 느꼈다. 그녀는 스스로를 외톨이라고 느꼈다.

그녀는 남편이 자신을 연상시킨다면서 이렇게 말했다. "가족 중에 내가 제일 작은 존재였고, 남편 역시 그랬던 것 같아요. 남편은 선해 보였고, 아빠와 다른 느낌이었죠. 그렇지만 사실은 집에서 빨리 나오고 싶어 결혼을 한 거죠. 지금 보면 남편 역시 가족에게 인정받지 못하고 있었네요." 그녀는 작고 어설프고 무기력해 보이는 남편에 대한 연민 때문에, 남편에게서 자신의 모습을 보았기 때문에 결혼을 했던 것이다. 이제 내담자는 조금씩 스스로 자신이 왜 그랬는가를, 자신의 내면이 어떠했는가를 깨달아 가고 있었다.

내담자가 기억하고 있는 어린 시절의 사건 중의 하나는 초등학교 2학년 때의 일이었다. 어느 날 둘째 언니가 그녀에게 "엄마와 아빠가 너를 더 안 좋아하는 것 같아."라고 말했다. 언니는 아마 무심결에 그런 말을 했을지도 모르겠다. 하지만 무의식적으로는 부모의 관심 밖으로 잔인하게 동생을 밀어 내고 상처를 주고 싶었을지도 모른다. 동물들이 그러하듯이, 인간의 형제자매도 먹이와 사랑을 두고 서로 경쟁을 벌인다. 그녀는 얼마나 아팠을까? 그녀는 '언니가 느끼기에도 부모님이 나를 좋아하지 않는가 보구나!' 하는 생각이 들었고 슬펐다. 그 슬픔은 타인에게 자신이 사랑받지 못한 존재라는 것을 들킨, 수치심이 복합된 슬픔이었고, 질투와 분노가 뒤섞인 것이기도 했다. 그때쯤부터 그녀는 집에서 별것도 아닌 물건들을 훔치기 시작했다. 아마도 그녀는 관심을 받고 싶었을 것이고, 언니에게 향한 부모님의 사랑을 빼앗고 싶었을 것이다.

나는 잠시 그 시절로 돌아갈 필요가 있다고 느꼈다. 우리는 두레박을 타고 과거를 회상하며 어린 시절 내담자 안에 있던 작은 아이[8]를 만났다. 내담자는 일곱 살의 어린 시절로 돌아갔다.

유치원에서 생일파티가 열리고 있었으며, 많은 엄마들이 와 있다. 예쁜 한복을 입은 아이들이 앉아 있고 엄마들이 그 뒤에 서 있다. 친구들과 함께 소녀는 생일 촛불을 끈다. 그러나 소녀는 자신이 창피하다. 다른 아이들은 모두 예쁜 새 한복을 입고 왔는데 자기만 헌 옷이다. 소녀의 엄마가 새 한복을 사 주지 않았기 때문에, 소녀는 언니들이 입던 낡고 바랜 한복을 입고 있다. 집으로 가는 길에 엄마와 소녀는 멀리 떨어져 따로따로 길을 간다. 소녀는 울면서 혼자 길을 가고 있으며, 엄마는 그런 소녀

---

8 inner child, 내면아이라고도 한다. 어른의 마음 속에 존재하는 어린아이의 모습이자 어린 시절의 자기를 가리킨다.

에게 화가 났다. 집에 가자 이번에는 엄마를 속상하게 했다고 언니들이 소녀를 다그친다. 그래서 소녀는 더 울고, 자기편을 들어주는 사람이 한 명도 없어서 슬프다. 잠들기 전에 엄마가 와서 중학교 들어가면 예쁜 교복을 사 주겠다고 하지만 소녀는 그 말을 믿지 못한다. 왜냐하면 항상 언니들의 옷을 물려받았고, 학교에는 언니들에게 물려받은 교복을 입고 갈 것이 뻔했으니까.

나는 물었다.

"엄마에게 어떻게 하고 있나요?"
"아무 말도 못해요. 화나면 무섭고 때리니까요."
"어린아이였고 할 수 있는 게 없었군요. 지금이라면 어땠을까요?"
"괜찮다. 안 사줘도 된다고 말했을 것 같아요. 엄마 옷이나 사서 잘 입고 다녀."
"그럼 나 자신에게, 그 작은 아이에게는 어떻게 하고 싶죠?"
"'그렇게 엄마한테 화내지 마, 엄마도 속상해!' 라고 말하고 싶어요."
"도리어 엄마를 위로해 주고 싶군요. 몸으로는 어떻게 해주고 싶은가요?"
"안아 주고 싶어요."

"그럼 그 작은 아이를 한 번 안아 주시겠어요?"

(내담자가 잠시 눈을 감고 안아 주는 동작을 하고, 시간이 흐름)

"그 아이가 어떻게 느끼나요?"

"아주 행복해하는 것 같아요. 눈물을 그치고 안심하면서 잠을 자러 가요."

"당신의 느낌은 어떻지요?"

"뭔가 충족된 기분, 아주 좋아요."

그녀는 성인이었지만, 그녀 안에는 또 다른 작은 아이가 살고 있었다. 사랑받지 못한다고 느꼈던 어린 아이가 성인이 된 뒤에도 마음속에 틀고 앉아 투정을 부리고 내담자의 삶을 힘들게 하고 있었던 것이다. 그녀는 속상한 아이를 달래 주었다.

아마도 내담자의 기억은 왜곡되었을지도 모른다. 우리를 괴롭히는 것은 사실이 아니라 머릿속의 기억이다. 실제보다 과장되었거나 변형된 기억들이 각인되어 우리를 괴롭히는 것이다. 사실로 말하자면, 충분하지는 않더라도 부모님은 사랑을 나누어 주었을지도 모른다. 아이들이 많고 경제적으로 풍족하지 못해서 부모 역시 힘들었을지도 모른다. 부모 입장에서 아이들마다 새 옷을 사 주기는 어려운 일이다. 가난한 집에서 혹은 아이가 많은 집에서 아이를 키운다는 것은 얼마나 힘들고 어려운 일인가. 이제 부모가 되어 경제적으로 풍요롭지 못한 내담자 역시 그 사실을 깨달았을 것이다.

그러나 아마도 내담자는 기질적 · 성격적으로 여느 형제보다 애정과 관심을 받고 싶은 욕심이 강했을지도 모른다. 부모 입장에서 자녀의 특성이 어떻고 무슨 일에 행복해하거나 속상해할지를 예측하기는 대단히 어려운 일이다. 부모가 아무리 최선을 다해도 상처를 피할 수 없을지 모른다. 부모가 보기에는 아무 것도 아닌 작은 일들을 아이들은 속상해하며, 그 작은 일들이 때로는 공부보다 몇 배는 더 중요하다. 그러니 부모가 어떻게 일일이 다 알겠는가?

현대 심리학에서는 자녀의 양육에 대해 존중과 사랑의 힘 혹은 엄격한 규제의 중요성을 강조한다. 그러나 어디에도 명쾌한 정답은 없다. 있는 힘껏 사랑을 주어도 밑 빠진 독에 물 붓기인 경우가 있는 반면, 오히려 사랑을 받지 못한 상처나 굶주렸던 과거가 성장의 근원이 되기도 한다. 그러므로 좋은 부모가 되기는 대단히 어렵고 예측 불가능한 일이다. 내담자 역시 좋은 부모가 되기를 원하였지만, 부모가 된 후에는 자신의 부모와 마찬가지로 자녀를 질책하고 화를 내곤 했다. 그리고 생일파티에 그녀의 엄마가 속으로 그러했을 것처럼 그녀 역시 아이에게 좋은 옷을 사 주지 못하는 자신을 비난하였다. 아이는 커서 내담자에 대한 기억을 어떻게 받아들일까? 내담자와 내담자의 부모 역시 그러했을 것인데, 인간의 마음은 본래 그렇게 유전되는 것이다.

분노의 힘과 실존

그녀는 의존적이고 착한 여성이었지만, 그녀의 안에는 항상 분노가 도사리고 있었다. 그리고 내가 보기에 분노는 이전까지 그녀가 모르던 힘의 근원이었다. 그러나 많은 사람들이 이런 분노의 힘을 긍정하지 못하는데 분노는 인간과 인간이 맺고 있는 관계에 가장 위험한 감정이기 때문이다. 분노는 폭력을 연상시키며, 상대방에게 상처를 주고, 반발을 일으키며, 분노를 일으킨 당사자를 배척하게 만든다. 그리고 그 순간 내면에는 "네가 잘못한 거야!"라는 소리가 울리기 시작한다. 그녀 역시 이런 도덕적 규범의 목소리, 상대방에게 거절당할 것 같은 두려움 때문에 분노를 받아들이지 못하였다. 그러나 사실 분노는 외부의 침해로부터 자신을 보호하고 방어하기 위한 가장 자연적인 반응의 하나다. 인간 세상에서 분노의 목적은 이미 벌어진 잘못된 상황을 교정하거나 그런 사건이 다시 발생하는 것을 예방하기 위한 것이다 Greenberg & Paivio, 1997. 그러므로 문제가 되는 것은 분노 그 자체가 아니라 분노를 조절하지 못하고 폭발하는 것, 다른 사람을 통제하거나 이차적인 이득을 얻기 위한 목적으로 분노를 남용하는 것, 분노를 억압하는 것들이다.

정당한 분노는 목소리와 같다. 내담자의 불평사실 불평이나 하소연은 이루지 못한 욕구이자 위장된 분노와 같다과 눈물 뒤에는 분노가 잠재해 있었으나, 그녀는 그 목소리를 억압하고 있었다. 그녀는 시어머니에게 "어머니, 그건 아니죠! 내가 잘못 산 건가요?"라고 묻고 싶었고 기꺼이 대항하고 싶었다. 이제 그녀는 수시로 불평이 아닌 분노의 목소리를 내기 시작했는데 그 목소리는 작고 기어들어 갔지만, 어느새 조금씩 커져 있었다. 그녀는 자기의 목소리를 담아 말했다.

"내가 왜 이렇게 살아야 하죠? 내 인생이 이것 밖에 안 되는 건가요?"

나는 묵묵히 그 소리를 들었고 이제 그녀는 분노가 그리 위험하지 않다는 것을, 분노가 정당할 수도 있으며 정당함이 인생에 필요하다는 것을, 분노가 그 정당성을 획득하고 목소리를 담아 내지 못하면 끝없는 무기력감에 빠질 수도 있다는 것을, 아니면 반대로 자신을 그렇게 만들었다고 타인을 원망하는 위험에 빠질 수도 있다는 것을 배워 나갔다. 자기 목소리를 얻을 때 분노는 정당한 자기주장의 근원이 된다.

이제 내담자는 남편과 시부모를 원망하면서 억울하다고 말하고 있다. 그녀는 왜 억울했을까? 내담자는 당연히 억울했을 것이다. 당연하지 않겠는가? 당신도 이렇게 산다면 행복하지 않을 테니까 말이다. 그 당연함을 그녀는 이제야 고백하고 있었다. 상담 장면에서 그녀는 충분히 현숙한 여자였고, 만일 조금만 괜찮은 남성을 만났더라면 치료를 받을 필요가 없었을 수도 있다. 많은 사람들이 배우자를 잘못 만나 고생을 한다. 그것은 일차적으로 배우자의 탓이지 그/그녀만의 잘못은 아니다. 세상의 많은 남성들은 현숙한 여성을 원하는데 그녀가 자신을 예뻐하고 돌봐 줄 수 있는 성실한 남성을 만났더라면 그녀는 좋은 아내, 좋은 엄마가 되었을 것이다. 지금 세상에는 그런 성실한 남성들이 예전보다 얼마나 많은가? 늘 여전히 여성의 기대에는 부족하기는 하겠지만 말이다. 하지만 세상은 항상 공평하게 돌아가지 않는다. 최선을 다해 잰다고 해도 꿈꾸던 좋은 사람을 만나지 못할 수도 있으며, 자기 자신이 상대에게 나쁜 배우자가 될 수도 있다. 사고나 재난은 예상치 못하게 발생한다. 세상의 불행은 예고되지 않으며 예측할 수도 없다. 단지 운이 없었을 수도 있는 것이다. 그러므로 내담자가 불행을 극복하려면 불행이 자신의 탓이 아님을 아는 것, 불행이 누구에게나 닥칠 수 있으며 하필이면 나였다는 것, 인간이 아무리 최선을 다해도 예측이 불가능하고 실패할 수 있는 일들이 있다는 것 그러나 남 탓을 하지 않고 그 불행을 받아들이고 수용하며 애도 mourning가 필요하다는 것을 받아들여야 했다. 그리고 나는 그것을 정직하게 일러 줄 의무가 있었다. 언젠가 남편에 대한 불만을 한참 털어 놓은 내담자에게 나는 이렇게 말했다.

"그게 당신 잘못은 아닐 수 있어요. 세상 일이 마음대로 되지 않고, 운이 없을 수도 있죠."

"그런 건가요?"

나는 다시 똑바로 그녀를 쳐다보며 정직하게 말했다.

"제가 보기에 당신은 좋은 여자예요. 웬만한 남자를 만났더라면 현숙하고 좋은 아내, 좋은 엄마가 되었을 거예요."

그 순간 그녀는 안심하면서 "고마워요."라고 말했다. 그 소리는 내게 그녀가 깊이, 비로소 안도하는 것처럼 다가왔다.

나는 내담자가 인생의 실존적인 진실을 알기를 바랐고, 자신에 대한 존엄성을 잃지 않기를 바랐다. 그리고 그것을 아는 가장 큰 무기는 정직성이었다. 로저스는 정직성congruence을 세 가지 치료적 덕목의 하나로 들었다. 치료자는 자신의 내면을 의식하면서 내담자에게 느끼는 감정이나 충동을 솔직하게 자각할 수 있어야 한다. 치료자라고 해서 분노나 짜증 같은 나쁜 감정들이 들지 않는 것은 아니다. 그러나 적어도 치료자는 그 감정이 나로부터 오는 것인지, 내담자로부터 오는 것인지를 구분할 수 있어야 한다. 그것이 만일 내담자로부터 오는 것이라면 어떻게 그것을 치료적으로 활용할 수 있을지 결정하고 기다릴 수 있어야 한다. 그리고 때로는 내 안에서 울리는 목소리와 감정을 정직하게 내담자에게 돌려줄 수 있어야 한다. 내담자는 충분히 행복할 수 있었던 여자인 것이다.

사실 이 사례만 보면 남성들이 모두 형편없는 망나니로 보이겠지만, 그건 진실이 아니다. 다행히도 여성과 마찬가지로 대부분의 남성도 역시 서로에게 길들여지는 존재로 진화했다. 남성 역시 타인을 배려하고, 고통을 공감하며, 눈물을 흘릴 줄 안다. 비록 여성보다는 덜할지라도, 남성은 어떤 포유류의 수컷보다도 가족을 중시하고, 자녀를 사랑하며, 양육을 위해 함께 협력하고 헌신한다. 남성은 부모와 아내, 자녀를 위해 열심히 일하며 그 짐을 기꺼이 진다. 무엇보다 남성은 욕망과 결핍을 부끄러워하고 자제력을 발휘하도록 진화하였다. 남성은 자꾸만 미끄러지려는 욕망에 스스로 재갈을 물리면서 주어진 현재의 삶과 가족에 헌신한다. 그렇지 않았다면 오늘날의 일부일처제라는 결혼제도는 존립 불가능했을 것이다.

　　사실 남성은 생식적 차원에서는 자족적이고 소비적이지만, 인생이라는 긴 삶 속에서 볼 때는 여성보다 훨씬 더 의존적인 존재다. 남성은 평생 동안 아내가 해 주는 음식이나 빨래에 익숙해진다. 퇴직한 후에는 집에서 잔소리만 늘어놓으면서 정작 자신은 청소도, 빨래도, 음식도 하지 못하고 배우려 들지도 않는다. 어린 왕자와 꽃처럼 서로에게 길들여지기는 마찬가지인데, 많은 남성들이 거드름을 피우거나 자존심을 뻣뻣이 내세우면서 자신이 누군가에게 의지할 수밖에 없는 존재임을 외면하는 것이다. 그는 아마 평생 동안 기대어 산 여성 없이는 생존하지 못할 것이다. 배우자가 죽은 이후에 자살하는 비율은 남성이 여성에 비해

4배나 높다_{보건복지가족부, 2010.} 그리고 여성이 길들여짐의 속성 때문에 가끔 탈이 나듯이, 남성은 소비와 탐닉에 길을 잃고 비틀거리거나 고장 나는 경우가 더 많기 마련이다.

어쨌든 치료의 순간에는 자신을 비난하지 않고 자신의 잘못과 장점을 인정하고 받아들일 수 있어야 한다. 그리고 동시에 삶이라는 것 자체가 우연, 예측 불가함, 상실, 자유 같은 것들로 둘러 쌓여 있음도 받아들일 수 있어야 한다. 그것이 변화의 자원이 되기 때문이다. 그녀가 안심한 순간, 자신에게 선택의 잘못이 없다는 것을 안 순간, 인생이 우연히 그렇게 될 수도 있다는 것을 깨달은 순간, 그제야 비난도 잦아들었다. 그리고 그때 그녀의 목소리는 제 힘을 얻었다.

그녀가 미안하다고 말하지 않는다면

이런 과정들이 지난 후 조금씩 그녀의 자아가 강해졌다. 시어머니에게 할 말을 못하고 가끔 퇴보하기도 했지만, 예스맨 노릇을 하지는 않았으며 이전처럼 울음으로 무너져 내리지도 않았다. 직접 강하게 주장하지는 못했지만, 시어머니가 무슨 요구를 하면 "몸이 힘들어요. 죄송해요. 피곤해서 못해요."라고 핑계를 대며 원하지 않는 일들을 피해 나갔다. 그러다가 가끔 마음에서 '이런 말을 하고 싶어!'라고 외치는 소리가 들리곤 했다. 화가 나면 소화가 안 되거나 공황증상이 일어나고 몸이 아팠지만, 그 기간과 빈도가 줄었다.

　이제 내담자는 성장한 마음의 압박에 떠밀려 혹은 반쯤은 상황에 떠밀려 어쩔 수 없이 한숨을 쉬며 불안해하기는 하였지만, 일에 대한 열정을 드러내었다. 그녀는 "일이 있어야 할 것 같아요. 언제까지 시댁에 의지할 수는 없을 것 같아요."라고 말하기 시작했다. 그녀는 스스로 인생을 책임지고 싶어했고, 쑥스러워하면서 조금씩 "자신이 강해진 것 같아요. 제 스스로가 대견해요."라고 말했다. 그녀는 주변 사람들에게 이전에 말하지 못했던 것을 말하기 시작했고, 이전에는 감히 생각하지 못했던 것들을 행동으로 옮기기 시작했다. 흔히 많은 내담자들이 치료 후반부가 되면 일이나 관계의 정리, 회복 방식 등 삶의 구체적인 계획과 실천에 대해 조언을 청하게 되는데, 그녀의 진도를 보면서 나는 점차 우리가 치료 후반부로 다가가고 있음을 깨달았다. 그러나 장애물은 도처에 많았다. 경제적 어려움, 자녀의 양육에 대한 걱정, 시부모가 도와줄까 하는 염려, 남편에 대한 일말의 미안함 같은 것들이 그녀를 괴롭혔다. 무엇보다 '혼자 해 낼 수 있을까!' 하는 두려움이 내담자의 마음속에 떠돌고 있었다. 하지만 어떤 상황에서도 살아가야 함은 우리의 의무이자 권리가 아닌가? 부모가 죽고 남편이 없다고 해서, 자녀가 죽었다고 해서 남은 사람과의 삶을 포기할 수는 없는 것이다. 그러므로 나는 정직하고 잔인하게 말할 수밖에 없었다.

"어쩌겠어요. 그게 당신의 삶에 대한 권리이자 의무인 걸요."

그녀는 잠시 침묵하다 말했다.

"의무라는 말이 가슴에 박히네요."

그렇게 그녀는 조금씩 앞으로 나아갔다. 역설적이게도 그녀가 자기의 생각과 계획, 걱정들을 주섬주섬 말하기 시작하자 처음에는 그럴 필요가 있느냐, 할 수 있겠느냐, 어떻게 하느냐 하던 주변사람들이 아르바이트를 주선하고 일자리를 알아봐 주었다. 내담자는 작은 가게를 하기를 원했고 사람들이 도와주기 시작했다. 그녀는 반쯤은 스스로 원해서, 반쯤은 등 떠밀리다시피해서 일을 시작하기로 결심했다. 그녀는 마침내 일을 하겠다고 선포했고, 그녀의 의견을 시부모가 반대하자 "그냥 하겠습니다." 하며 오기와 고집을 피웠다. 그 고집은 얼마나 대단한 승리인가! 그때쯤 남편은 처음으로 내담자를 도와 시댁에 도와달라는 요청을 했다. 시어머니는 못마땅해했지만, 일을 하고 독립적으로 살아가겠다는 그녀를 도와주었다.

아마도 시어머니 역시 이전부터 그녀를 위해 무엇인가를 준비해 두었고, 그녀가 무엇인가를 하기를 바라고 있었을지도 모른다. 내담자의 부모가 그녀를 질책하면서도 그녀를 사랑했듯이 말이다. 알모도바르의 영화가 보여 주는 것처럼, 여성들이 여성 자신 때문에 싸우는 경우는 매우 드물다. 물론 여성에게도 권력이 없는 것은 아니다. 여성도 남성과 마찬가지로 권력을 암투하고 질시하며 서열을 내세운다. 하지만 여성은 대부분 남편과 아들 때문에, 남자들 때문에 싸운다. 대부분의 여성들은 평화를 지키는 법을 안다. 침팬지 사회에서도 수컷의 싸움을 중재하는 것은 큰 어머니 암컷과 며느리 암컷들이다de Waal, 1989. 그녀는 남편을 대신하여 혹은 남편과 협력하여 시어머니에게 맞서는 법을 배운 것일까? 아니면 시어머니와 그녀는 공존하고 화해하는 법을 찾은 것일까? 인간의 사회는 복잡한데 그것보다 훨씬 작은 가족 역시 복잡하다.

그녀는 두려웠지만 일을 시작했다. 이제 구체적인 조사를 했고 계획을 의논하기 시작했다. 이럴 때 치료자는 함께 계획의 타당성을 검토하고 지지해 주는 것 외에 별로 할 일이 없다. 나는 그녀가 선택한 길을 따라갔다. 이후로 내담자는 나를 찾는 빈도가 현저히 줄었다. 그녀는 더 이상 "미안해요. 잘못했어요."라는 말을 쉽게 하지 않았다. 일이 바빠져 오지 못하고 전화를 하지 않았을 때 그리고 나중에 겨우 한 번 상담을 잊은 것을 미안하다고 말했을 때 나는 기뻤다. 그 목소리는 별로 자신을 질책하며 미안해하는 것 같지도 않았고, 오히려 생기를 담고 있는 듯이 들렸다. 그녀는 바쁜 그 당시에는 별로 미안해하지 않았던 것이다. 그리고 그녀는 자기의 삶을 살고 있었다. 내담자는 나를 필요로

하지 않았고, 크게 미안해하지도 않았으며, 그것이 나에게는 좋은 징조였다.

내담자에게는 앞으로도 숙제가 많겠지만, 나는 그 숙제를 그녀의 몫으로 남겨 두었다. 삶에는 고난이 따르며, 치료는 그 고난을 없애 주는 것이 아니다. 치료는 그 고난을 헤쳐 나가도록 도와주고 잠시 함께 있어 주는 것이다. 치료 이후에도 고난은 없어지지 않으며 계속된다. 고난은 인생 자체 속에서 불변하게 생겨난다. 그러므로 모든 내담자는 영원 회귀하는 역경을 인정하고 이겨 내거나 적어도 받아들일 수 있어야 한다. 그녀 역시 자기 몫의 운명을 긍정하며 역경을 풀어 갈 것이다. 언젠가 도움이 필요할 때도 있겠지만, 누구에게 어떤 도움을 받을지를 스스로 선택할 것이며 목소리를 낼 것이다. 나에게 그러했던 것처럼, 기꺼이, 미안해하지 않으면서 말이다.

둘,
책에 길을 묻다

그 옛날 난 타오르는 책을 읽었네.
펼치는 순간 불이 붙어 읽어 나가는 동안
재가 되어 버리는 책을.

– 남진우, 『타오르는 책』 –

책에 있는 길

그녀를 처음 본 것은 어느 복지관의 인문학 강좌인 '상처와 몸, 정서'에 대한 특강을 진행하고 있을 때였다. 그 강좌에서 그녀가 조심스럽게 말을 붙였을 때, 나는 그녀의 이마에 "나는 우울해요." 혹은 "나는 불안해요. 당신이 두려워요."라고 써 있다고 느꼈다. 그때 그녀는 웃고 있었고, 내게 말을 건넨 최초의 접촉이 대단히 용기를 낸 것이라는 사실을 나중에야 알았지만, 그 웃음은 어딘가 어색해 보였다. 눈길이 가 닿는 시야는 정직하게 눈앞의 상대방을 정시하지 못하고 흩어졌으며, 사물을 담지 못하고 있었다. 내가 시야를 개방할 때 그 눈은 닫혔고 그래서 내가 보낸 시선은 '나는 당신이 어렵다.'는 메시지를 담은 채 빈손으로 돌아왔다. 나는 눈치를 챘지만 모른 척 지나갔다. 안간힘을 내어 조금이라도 스스로 관계의 문을 열 때까지는, 스스로 받아들이기 전까지는, 아무리 내가 나의 느낌을 정직하게 전달해준다 해도 내 느낌과 의견을 받아들이지 않을 테니까 말이다.

대부분의 사람들은 견딜 수 없이 불편해야만 치료를 찾는다. 아니, 아무리 불편하고 힘들어도 웬만하면 치료를 찾지 않고 견디려고 애쓴다. 어떤 내담자들은 아무리 고통스러워도 자존심 때문에 끝내 치료를 찾지 않은 채 일생을 보낸다. 그러고는 그것이 용기인 줄 안다. 그런 사람들에게 우울하거나 불안해 보인다고 하면 어리둥절해하거나 화를 내기도 한다. 게다가 그날 나는 하루 종일 워크숍을 진행하느라 피곤했다. 지금 만나고 있는 내 담자들도 어떻게 도와줄 수 있을지 벅찬데 도대체 내가 일부러 가르쳐 주어야 할 이유가 어디에 있단 말인가? 세상에는 고통스럽고 힘든 사람들이 너무 많다. 그가 오지 않는 한 그 고통은 그의 몫일 따름이다. 나는 외면하고 싶었고, 그런 속삭임을 기꺼이 별다른 자책 없이 받아들였다. 나는 모른 척했다.

하지만 그녀는 호기심이 많았고, 진지했으며, 공부에 대한 열정으로 가득했다. 겁을 담은 눈빛은 초롱초롱했고 생기로 가득 차 있었다. 그녀는 호기심이 어린 눈과 목소리로 지금은 기억나지 않는 어떤 주제에 대해 물었고, 그날 나의 워크숍 주제와 관련하여 『나는 정말 너를 사랑하는 걸까』김혜남, 2007, 『미안하다고 말하기가 그렇게 어려웠나요』이훈구, 2001 등의 책에 대해 질문했다. 그리고 그 책들이 얼마나 좋은 책인지, 자신에게 얼마나 도움이 되었는지 연방 감탄을 해댔다물론 그 책들은 사람들을 심리치료와 자기 치유의 길로 인도하는 좋은 책들이다. 지금 내가 쓴 이 책을 읽고도 그런 독자가 있을까? 그렇다면 나도 조금은 감동받고 위로받을 것이다. 세상에 보잘 것 없는 책 하나를 얹어 놓는 것은 아닐지 두려워하고 있으니 말이다. 순간 나는 그녀를 그토록 감탄하게 만든 책을 쓴 저자들에 대한 질투에 사로잡혀 그녀의 수다를 어영부영 받아 넘기면서, 한편으로 그렇게까지 책에 대해 경외심을 품고 있는 그녀에게 호기심을 느꼈다. 그때 나는 그녀가 자기 안의 상처를 치유하고자 하는 열망으로 가득 차 있다는 것을 알았다. 그녀는 책에 의지하고 있었다. 책을 통해 자기의 내면을 보고, 자신을 치유하고자 했던 것이다. 나중에 알게 된 사실이지만 그녀에게는 그럴 만한 현실적 이유가 있었는데, 그녀는 자립과 공부를 병행할 수밖에 없는 처지였고 치료를 받을 만한 경제적 여력이 부족했다. 나에게는 '책이 과연 그녀를 구원할 수 있을까?' 하는 의문이 스쳐 지나갔다. 분명 책은 위안을 얻고 자기를 돌아보는 데 큰 도움이 된다. 아니, 책만큼 도움이 되는 것이 없을지도 모른다. 젊었던 시절의 나 역시 책 속에서 숨을 쉬고 인생의 길을 보았으며 고통을 보았다. 책 속에 몸을 숨기거나 길을 잃기도 했으며, 책을 버렸다가 그 안에서 다시 길을 찾기도 했다.

그러나 책은 진정한 개방과 체험을 이끌어 내기에는 부족하다. 책을 쓰는 자는 몸의 숨길을 내고 피를 토하며 책을 쓴다. 그 책을 통과한 저자의 길은 멀고 아득해서, 독자가 그 길을 함께 가기란 요원한 길로 보인다. 책을 읽는 자는 마음의 위안과 도피처만을 얻거나 저자가 통과한 그 중심의 길을 함께 통과하지 못한 채 껍데기나 변두리만 훑고 지나치기 일쑤다_{사실 요즘에는 위안을 받고 싶고 안식처를 얻고 싶은 요구에 영합하는 책들이 너무 많다.} 그러나 진정한 성장과 심리치료에서 얻어지는 자기의 성장이란, 책에서와 같은 간접적인 체험이나 교육을 통해서가 아니라 몸이 몸을 밀고 나가는 경험을 통해서 얻어지는 것이다. 지렁이는 체절과 체절로 몸을 끌어 길을 낸다. 지렁이의 생과 죽음 안에서 몸은 땅을 만나고 땅은 몸을 만나서 아픈 몸과 아프지 않은 몸이 하나가 된다. 몸은 한걸음씩 궤적을 그리며 나아간다. 고통이 견딜 만한 것이 되거나 혹은 아픈 몸이 아프지 않을 때까지…… 무한한 연습과 함께_{김수영, 1974}. 그래서 그녀가 책에만 머문다면 책은 오히려 그녀에게 감옥이 될 것이다. 책 속에서 길을 잃고 지금-여기의 삶을 살지 못하는 사람들이 있다. 삶은 현재 진행형이며 사는 것이지 보는 것이 아니다.

하지만 나는 그녀를 다시 만날 것 같은 예감을 느꼈다. 내가 책의 길을 돌아서 치유의 영역을 찾았듯이, 내담자와의 관계를 통해 이전에는 공명할 수 없었던 인간, 시인과 작가들의 방 안에 들어가 그들이 겪고 느꼈던 치욕과 상처를 조금은 함께할 수 있었듯이, 그녀 역시 책의 길을 따라 자기를 찾고, 사람을 찾고, 함께 어울려 살고 싶어 했다. 그리고 그녀는 심리치료자의 길을 꿈꾸고 있었다. 첫 시간에 그녀는 자신이 얼마나 상담자가 되고 싶은지, 치료자로 존재하는 나를 얼마나 존경하는지 용감하고 건방지게 말했다. 사실 그녀가 나를 존경한 이유는 내가 치료자이고 동시에 교수라는 사실 하나 때문이었다. 세상에는 단순한 사회적 명칭 하나 때문에 존경받는 사람들이 얼마나 많은가? 그 자만심과 열정에 어색한 미소를 보내면서 치료자라는 직업이 얼마나 어렵고 힘든 일인지 생각하며 나는 속으로 몰래 한숨을 지었다. 그것도 예전의 나보다 훨씬 어린 나이에 말이다. 순간 내 머릿속에는 스무 살 시절의 내가 스쳐 지나갔다. 책을 좋아하고 그 안에 파묻혀 보았지만, 그 시절의 나는 책에서도, 현실에서도 길을 잃기 일쑤였다. 나는 내가 무엇을 원하는지 몰랐다. 나는 작가가 되고 싶은 것일까? 화가가 되고 싶은 것일까? 심리학자, 상담자가 되고 싶은 것일까? 아니다, 아니다. 그것들은 직업이거나 헛된 명칭에 지나지 않는다. 나는 단지 내게 던져진 생의 의미를 알고 제대로 살고 싶었으며, 그럴 수 있는 길을 알고 싶었을 뿐이었다. 그러나 나는 무지를 뚫고 나갈 용기와 지혜가 부족했고 무엇보다 재능이 부족했으며 그래서 속으로는 자책하면서 겉으로는 잘난 척, 이해하지도 못하는 미사여구를 뿌려 대면서 책과 술로 인생을 허비했다. 그때의 나는 자기를 외면하며 생을 흘려보내고 있었던 것이다.

그러나 그녀는 절대 그러지 못하고 있었다. 그녀 안에는 잊고 있었던 내가 있었다. 그녀는 자기를 찾고 싶어 했으며 잃어버린 삶의 궤적을 되돌리고 싶어 했다. 그녀는 피가 뛰고 끓는, 깊은 숨을 쉴 수 있는 생을 찾기를 원하고 있었다. 나는 부끄러웠다. 내가 외면하고 낭비한 길을 그녀는 비틀거리거나 정시하며 가고 있었다. 그리고 그녀가 걸어온 길은 나보다 혹독하고 험난했다. 때로 내담자의 길은 나보다 항상 혹독해서 미안하다. 그리고 그녀는 몸으로 부딪혀 왔거나 부딪혀야 할 길을 책 속에서 미리 만나 본 것이 아닐까? 그러나 책의 길은 몸의 길과 반드시 같지 않을진대, 그녀는 길을 잃지 않고 나아갈 수 있을 것인가?

지금 나를 돌아보건대, 내가 그녀를 받아들이고 치유를 독려

한 것은 그녀의 용기와 나의 부끄러움 때문이 아니었을까 한다. 그리고 얼마 지나지 않아 그녀가 나를 찾아왔다. 그때도 그녀는 책을 들고 있었다. 내가 그 점을 반영하자, 그녀는 답답할 때는 서점에 간다고 말했다. 마치 무엇이든 책으로 해결하려는 듯이. 그녀에게 책은 피난처일까? 책 의존증? 독서 의존증? 나는 잠시 예전의 나를 떠올리며 몰래 웃었다. 그녀처럼 예전의 나도 답답할 때 혹은 습관적으로 책방에 가곤 했다. 서점에 앉아 수 시간씩 책 안에 파묻혔으며, 책을 사서 모으고 자랑처럼 전시하고는 했다.

그러나 책은 씹고 씹은 다음 버려야 한다. 그 사실을 깨달은 것은 먼 훗날의 일이었다. 그녀 역시 그 과정을 가고 있는 것이다. 그러므로 나는 그녀에게 할 말이 별로 없었다. 치료 후반부가 될 때까지 나는 책에 대해서는 아무 말도 하지 않기로 했다. 내가 그러하였듯이 책은 독이 될 수 있겠지만, 그 종이의 힘으로 그녀는 지금까지 버텨 왔을 테니까 그리고 책과 삶의 균형이 맞추어진다면 약이 될 테니까 말이다. 지금의 나는 간혹 책을 버린다.

첫 번째 시간: 눈 속의 빨간 꽃

치료를 찾은 이유를 물었을 때 그녀는 사람들과의 관계가 어렵고, 혼자 떨어져 있는 느낌이 들며, 강한 사람을 보면 주눅이

든다고 했다. 작은 회사를 다니고 있으며 자기를 괴롭히는_{실제로} 괴롭히는 것인지 아니면 내담자가 그렇게 느끼는 것인지는 알 수 없다 상사가 있는데, 그 상사 앞에 가면 긴장이 돼서 그런지 실수를 자주 하고, 일 처리가 늦어지며, 자기 생각을 잘 말하지 못한다고 하였다. 하지만 주눅이 들고 불안한 느낌들은 이전부터 어떤 자리에서든 있었다. 나는 그럼 지금 이 자리의 느낌이 어떤지, 나에 대한 느낌이 어떤지를 물었고, 그녀는 이 자리에서도 "조금 그래요. 긴장이 돼요. 내가 어떻게 보일지 걱정이 돼요."라고 작은 목소리로 말했다. 그녀는 이 자리에서도 내 눈치를 살피고 있었으며, 자신보다 높아 보이는 사람은 불편했던 것이다.

그녀의 두려움은 어디에서 비롯된 것일까? 그녀에게는 어린 시절의 어두운 그림자, 특히 아버지의 그림자가 짙게 깔려 있었다. 어릴 적 그녀는 불안하고 가슴이 두근거려 아버지의 눈을 똑바로 보지 못했다. 옛날의 많은 아버지들이 그러하였듯이, 그녀의 아버지는 딸을 사랑하지만 그 사랑을 드러내지 못했으며, 사랑을 보여 주는 법을 알지 못했고, 때로 궁핍한 삶에 치여 쌓인 화를 딸에게 분출하는 분이었다. 아버지는 어린 딸의 뺨을 때렸고, 매를 들었으며, 성급하게 혼을 냈다. 아버지의 구둣발에 채이거나 주먹질을 당한 적도 있었다. 문을 제때 열지 않았다고 혼이 났으며, 초등학생 때 동생의 유모차를 밀어 주다가 친구의 아버지 앞에서 면박을 당하고 따귀를 맞기도 했다. 그녀는 창피하고 화가 났지만 참아야 했다.

그러나 몇 대 맞았다는 사실보다 더 큰 문제는 그녀가 혼자였다는 사실이었다. 어머니가 있었지만 어머니는 아빠와 함께 일을 하느라 바빴고, 어머니 역시 그녀의 차지는 아니었다. 나중에 동생이 생겼지만 나이 차이가 워낙 많아 자매라기보다 보살펴야 할 대상에 가까웠다. 동생을 보살피는 것은 그녀의 책임이었다. 그녀는 동생을 보살피고, 혼자 땅을 파거나 그림을 그리며 놀았으며, 불 꺼진 방에서 혼자 숙제를 했다. 부모님은 주말에도 일을 나갔고, 그녀는 친척들이 놀러 가는 자리에 짐꾼처럼 얹혀 눈치를 봐야 했다. 다행히 할머니가 그녀를 예뻐하였고, 그것이 그녀의 유일한 지지의 근원인 듯 보였지만 외로움은 채워지지 않았다. 그녀는 혼자였다.

그럼에도 불구하고 그녀는 책임감이 강하고 열정적인 사람으로 성장했다. 그녀는 자기를 치유하기 위해 이전에 다니던 대학을 졸업하고 상담학을 공부하는 학과에 다시 편입한 상태였다. 그리고 심리치료사나 상담가가 되기 위해 앞으로 유학을 갈 목표를 세우고 있었으며, 그 목표를 위해 돈을 아껴 모으고 있었다. 다른 한편으로 그녀는 부모님 걱정을 많이 하고 있었다. 그녀의 부모님은 오랫동안 고생하며 열심히 일을 했지만 그럼에도 경제적 어려움은 나아지지 않았다. 당뇨와 고혈압, 허리 통증 등 갖가지 신체적 질환으로 고생을 하고 있으며 경제적으로도 풍요롭지 못한 부모님에 대한 걱정 때문에 그녀는 자기의 꿈을 추구하는 것을 망설이고 있었다. 미혼의 젊은 여성이었던 그녀는 풍족하지 못한 집안 살림과 아픈 어머니에 대한 걱정 때문에 혼자 공부를 하고 유학을 떠난다는 것이 자기 욕심만 차리는 것이 아닌가 하며 죄책감을 느끼고 있었다. 또한 그녀는 동생 뒷바라지를 제대로 하지 못하는 것에 대해서도 미안해했다. 아버지는 "너는 이기적이다. 너밖에 모른다. 튼튼한 직장을 잡고 돈을 벌어 집안에 도움이 되어야 한다. 공부를 언제까지 할 거냐? 여자는 시집을 가야 한다."라고 반복해 말하곤 했다. 그러면서 "공부는 꿈도 꾸지 마라. 너는 못할 거다. 끈기와 의지가 없다."라고 그녀를 깎아 내렸다.

그녀는 자기를 질타하는 아버지의 목소리에 한편으로는 화가 났지만, 다른 한편으로는 죄책감을 느끼고 있었다. 그녀가 느낀 죄책감은 어디에서 비롯된 것일까? 그녀에게 책임감은 그녀 자신의 것이었을까? 아니면 외부에서 부과된, 아버지 혹은 다른 누구의 목소리였을까? 사람들 속에서 울리는 목소리는 대개 자신의 것이 아닌 경우가 많다. 어린 시절 그 목소리는 외부로부터 이식되어 마음 안에 뿌리 내린다. 그것은 자생되어 자란 목소리가 아니라 내사[9]된 목소리다. 그녀는 자기 안에서 울리는 아버지의 명령과 비난 앞에서 죄책감을 느끼고 있었으며, 한편으로 서

---

9 introjection, 중요한 다른 사람의 태도나 행동, 특징 등을 자기 것으로 받아들여 동화시키는 무의식적 과정으로 정상적인 발달과정의 일부이기도 하다.

운하고 화가 났다. 그녀는 그 상반된 감정 사이에서 무기력감에 빠져 있었다. 그녀는 이식된 목소리와 자기의 열망 사이에서 갈 팡질팡했고 혼란스러워했다.

그날 나는 다면적 인성검사MMPI-II[10]와 문장완성검사를 실시했다. 다면적 인성검사와 문장완성검사는 상담 장면에서 가장 많이 사용되는 간단한 심리검사로, 치료자가 오진을 범하거나 잘못 이해할 수도 있는 부분을 객관적으로 평가하고 이해할 수 있도록 도와준다. 또한 비교적 간단하면서도 내담자의 마음과 관계 속에서 일어나는 역동을 이해하게 도와준다는 장점도 있다. 그녀는 다면적 인성검사에서 우울, 대인관계의 피해의식과 불신, 걱정과 불안, 과도한 내향성과 낮은 자존감, 자기 반추적인 경향들을 보이고 있었다. 그것은 어떤 한 가지 진단을 지향한다기보다 갖가지 감정과 신경증적 양상이 복합된 것이었고, 궁극적으로는 자기 안에서도 그리고 관계 안에서도 무기력감과 회피에 갇혀 있음을 의미한다. 그녀는 자기를 돌아보고 일으키려 애쓰고 있었지만 그 반성의 힘은 소모적인 죄책감으로 흘러가기 일쑤였으며, 슬픔과 분노의 힘은 아직 미약했다.

문장완성검사에서도 그녀는 자기 성장의 꿈과 무기력 사이

10 해서웨이와 맥킨리(Hathaway & Mckinley, 1943)에 의해 개발된 후 세계적으로 널리 사용되고 있는 심리검사. 정신 병리뿐 아니라 성격 경향성을 측정하는 데 쓰이며, 문항을 제시하고 '그렇다' '아니다' 로 대답하는 질문지 방식으로 구성되어 있다.

에서 혼란스러워하는 자기를 보여 주고 있었다. 그녀는 "나는 언젠가 어른이 될 것이고, 꿈을 이룰 것이다. 내가 정말 행복하려면 목표 달성, 즉 꿈을 이뤄야 한다. 내가 바라는 여인상은 당찬 여성이다. 여자들이란 약한 존재지만 강해져야 한다. 어머니와 나는 다르다."며 강인함과 자기 실현의 꿈, 독자성에 대한 욕구와 의지를 드러냈다. 그러나 그녀는 '가족을 부양하는 것은 짐이지만 해야 될 것 같은 책임감'이라며 그 의무를 즐겁게 받아들이지 못하는 강박관념그러기에 그녀는 아직 심리적 성장이 더뎠고 어렸다을 그리고 "사람들이 나를 피할 때는 외롭다. 내가 이방인인가? 다른 사람들과 함께 있는 것은 즐겁지만 어떻게 해야 할지 모르겠다."며 사람들 사이에 끼지 못하는 이질감과 소외, 방향 감각의 부재를 보여 주고 있었다. 여전히 그녀는 "상사가 다가오는 것을 보면 긴장되고 두렵다."라고 했다. 그 두려움과 혼란은 마음을 나누고 함께하고 싶지만 선뜻 가까이 갈 수 없는, "사람들이 나를 싫어하는 것 같다. 내가 없을 때 친구들은 내 욕을 하겠지." 하는, 영원히 받아들여질 수 없는 디아스포라[11]에 처해진 이방인의 운명에서 비롯되는 것이다. 그녀는 자신을 이방인으로 지각하고 있었으며, 그렇게 행동하고 있었던 것이다.

---

11 Diaspora , '이산(離散)' '유배'의 의미로 사용된다. 팔레스타인을 떠나 전 세계에 흩어져 살게 된 유대인의 운명을 가리키는 말이지만, 오늘날에는 한곳에 받아들여지지 못하고 방황하는 이방인의 운명을 비유하기도 한다.

그녀는 왜 이방인이어야 했을까? 내가 보기에 그 이방인은 육체적 연령은 충분히 높았지만 정신적으로는 책임과 사랑받고 싶은 욕구 사이에서 헤매는 아이어른이기도 했다. 그녀는 제대로 아이다운 인정과 수용을 받은 적이 없었고, 성인이 된 지금도 여전히 그 사랑을 갈구하고 있었다. 그녀에게 "어머니는 정이 많지만 약했기" 때문에 기대고 의지할 수 없는 오히려 돌봐 주어야 할 사람이었고, 아버지는 아군이 아니라 두려움과 연민, 혼돈스러운 감정과 소망의 대상이었다. 그리고 아버지에 대해 "아버지는 무섭지만 지금은 왠지 측은한, 그러면서도 답답한, 나를 인정하지 않는 분. 아버지와 나는 동지일까? 적일까?"라고 스스로 물으며 혼란스럽게 답하고 있었다. 그녀에게는 기댈 곳이 없었다. 사실이 어떠했을지라도 그녀는 "어렸을 때 나는 혼자였다."라고 지각하고 있었다. 그렇게 그녀는 충분한 심리적 성장과 독립이 이루어지지 않은 상태에서 섣부르게 책임감으로 내몰렸다. 이제 책임을 져야 하는 성인이자 어른아이이기도 한 그녀는 "어떻게 해서든 잊고 싶은 옛날의 기억, 상처"를 지우고 싶었고 그래서 책으로의 유랑을 떠났지만, 이성과 의지는 그 기억을 지울 수 없었다. 그녀가 자신을 "의지박약, 끈기없음, 우유부단, 나태, 무기력"이라고 여기고, "이상한 일이 생겼을 때 침착해야 한다."며 아무리 자신을 채찍질하고 진정시키려 해도 손발은 떨렸고, 시선은 바닥으로 떨어졌으며, 자아는 가야 할 길을 바로 찾지 못했다.

이성과 규범은 몸을 지배하지 못한다. 감정과 욕망은 이성의 지배를 받은 적이 없다Greenberg & Paivio, 1997. 몸은 상처를 간직하고 있으며, 어른이 된 현재에도 몸과 감정이 기억하는 상처의 사슬은 지금-여기에서 재현되고 현존한다. 상처는 균열된 휴화산과 같고, 배고픔과 고통 때문에 자기 꼬리를 물고 있는 뱀과 같다. 그것은 언제든 터질 준비가 되어 있다. 상처는 연쇄 반응하고 전승된다. 우리가 사랑받을 나이에 충분히 사랑받지 않는 한, 우리는 자신을 이방인의 운명에 처하도록 만든다. 그리고 대개 자아의 성장이란 언제나 의존과 보살핌의 기억을 토대로 한다. 그러므로 그 고국에서 먼저 떠밀려 온 그녀는 언제나 혼자이고 이방인으로 남아 있을 것이다.

첫 번째 회기에서 나는 그녀에게 자신에 대해 떠오르는 이미지를 물었다. 그녀에게 떠오른 자신의 이미지는 "눈 속에 핀 빨간 꽃"이었다. 꽃에게 무슨 말을 하고 싶은가를 묻자, 그녀는 "너무 혼자 있어서 외롭지 않니? 사람들이 많은 곳에 옮겨 줄까?"라고 말했다. 하지만 그 꽃은 "싫다."라고 했다. 그 꽃을 보면서 그녀는 "너무 힘들고 외롭게 산 것 같다. 나는 아닌 것 같은데……"라며 자신과 비교하였고, 그러면서 자기 안에 있는 외로움을 부정하고 싶어 하였다. 그 꽃은 분명히 외로웠다. 다만 그녀는 외로움을 외면하고 싶었거나 인정하고 싶지 않았던 것이다. 하지만 내게 그 꽃은 추위 속에서도 조용하고 붉은 열정과 강인함을 안고 있는 듯이 보였다. 그게 그녀의 자아였을까? 그

꽃은 어떻게 변화할 수 있고 변화할 것인가? 그렇게 그녀를 탐색하고 발견하는 첫 번째 회기가 끝났다.

두 번째 시간: 이식된 목소리

두 번째 회기에 온 그녀는, 지난 주말 부모님과 집에 있었는데 어머니가 아팠고 그래서 자신은 방에서 나오지 못한 채 누워만 있었다고 말했다. 외출을 한다면 "게으름 피우고 늦게 일어나고는 몸만 나가냐!"라고 아버지께 야단을 맞을 것 같았다. 그녀는 아버지에 대해 말했다. 대학을 다닐 때 그녀는 아르바이트를 하면서 돈을 벌어 부모님께 드리곤 했는데, 그때 빼고는 아버지의 마음에 들었던 적이 없었다. 아버지는 그녀의 공부를 못마땅해했고 회의적이었으며, 그녀에게 자기 말대로 따르라고 그러면 아무 이상 없을 것이라고 명령했다. 그러나 대학 시절 이후 그녀는 아버지의 말을 듣기 싫었고 그래서 고개를 뻣뻣이 들었다. 거실에서도 아버지와 거리를 두고 앉았으며, 아버지 앞에서 눈물을 흘리면 지는 것 같아서 고개를 숙인 채 눈물을 삼켰다. 그녀는 웃으면서 자기가 야단을 맞기는 하지만 아버지께 할 말은 다 한다고 말했다. 하지만 그 대신에 그녀는 남자친구 앞에서도 눈물을 보이지 못하고 삼키는 사람이 되어야 했다.

▶ 내담자가 그린 나무와 집 그림

왼쪽의 나무는 크고 단단하며 땅에 깊이 뿌리를 박고 있지만, 잎이 하나 둘씩 떨어지고 있다. 오른쪽의 집은 높은 언덕 위에 혼자 덩그러니 위치해 있고, 집과 풍경은 나무와 달리 장식이 없고 단조로워서 외롭고 쓸쓸해 보인다.

어린 시절 그녀는 주눅 든 학생이었지만 사춘기가 되어서는 '때리면 맞지.' 하는 각오로 대들고 대항했다. 그 시도는 그녀의 힘이었고, 붉은 꽃 안에 힘이 있음을 보여 주는 증거이기도 했다. 그녀는 이제 아버지에게 또박또박 대꾸를 하고 대항을 할 수 있었다. 그녀는 정말 아버지를 이기고 싶었고 강해지고 싶었던 것일까? 그녀가 그린 나무 그림에는 그런 자아의 힘이 잘 드러나 있다. 그 나무는 눈 속에 핀 꽃처럼 혼자였으며, 떨어지는 잎들은 슬프고 쓸쓸했다. 땅 위의 만물과 가깝게 있기가 두려운 듯, 높은 언덕 위에 떨어져 혼자 자리 잡은 집 역시 비어 있고 불안해 보였다. 그녀는 집을 왜 꼭대기에 그렸는지 모르겠다고 말했다. 하지만 나무의 둥지는 단단했으며 뿌리는 단단하게 대지를 움켜쥐고 있었다. 그 나무는 자기 잎을 떨어뜨려서라도 살겠다는 강인한 의지를 드러내고 있었다.

그러나 이상하게도 그녀는 항상 다른 사람 앞에만 서면 주눅이 들었다. 나무가, 그녀가 그린 집이, 눈 속에 핀 꽃이 혼자였듯이 다른 사람들 속에 있어도 그녀는 혼자라고 느꼈다. 그녀가 그린 가족 그림 속에서도 그녀는 혼자였다. 어머니는 아팠고, 아버지는 기도를 드리고 있었으며, 부모님의 사이는 동생이 차지하고 있었다. 그 사이에 그녀가 들어갈 자리는 없는 듯이 보였다. 그녀는 등을 돌린 채 혼자 책을 보고 있었다. 그러면서도 자신을 이기적이라고 자책하고 있었다. 그 목소리는 그녀를 질책하던 누군가의 목소리였다.

그녀는 스스로 고립된 것일까? 과연 그녀는 이기적일까? 그렇다면 충분히 이기적인 사람이 왜 그렇게 자신을 질책하는 것일까? 이기적인 사람이 왜 부모 걱정을 하면서 부모 옆을 떠나지 못하는 것일까? 실제로 그녀는 부모를 위해 자신이 번 돈을 가져다주었고, 누구보다 동생을 예뻐하였다. 그런데 그녀는 왜 자신을 질책하는 것일까? 프로이트Freud, 1900는 사회로부터 내재화된 규범과 가치를 초자아, 즉 슈퍼 에고super ego라고 불렀다. 하지만 실제 초자아의 의미는 오버 아이over-I, 독일어로 über-ich, 즉 내 위에 있는 무엇, 우리말로는 상전에 가깝다. 내 안에, 내 위에 앉아 지시를 내리고 명령하는 상전이 있는 것이다. 그 상전은 자아ego에

▶ 내담자가 그린 가족
아버지는 기도를 드리고 엄마는 잠을 자고 있다. 어머니는 피곤하거나 아픈가 보다. 어머니와 아버지의 사이를 동생이 차지하고 있다. 그 사이에서 동생이 웃고 있을 때, 그녀는 혼자, 다른 방향으로 고개를 돌린 채 책을 보고 있다. 그녀는 책을 정말 좋아했을까?

게 무엇이 옳고 그르다, 좋고 나쁘다는 판단의 목소리를 들려준다. 만일 그 명령에 따라 행동한다면 나는 옳은 것이 되며, 어긋난 행동을 했다면 틀린 셈이 된다. 그리고 그 목소리는 때로 올바른 양심의 형태를 띠기도 하지만 부적절하고 과도한 죄책감이나 수치심의 얼굴을 띠기도 한다. 상전의 목소리는 내 안에서 자생하는 것이 아니다. 목소리는 외부로부터 온다. 그 목소리는 그가 태어난 사회와 문화, 도덕, 종교 그리고 그 사회와 종교의 가치를 인정한 가족과 부모로부터 전수되는 것이다. 목소리는 우리가 언어라는 상징체계를 배우고 이 세계에 편입될 때부터 들려오는 상징계의 금지와 명령이다Lacan, 1992. 그것들은 신성한 아버지의 권위, 아버지의 목소리다.

그러나 아이였을 때 우리에게는 옳고 그른 목소리를 구분할 능력이 없다. 저항하고 선택할 수 있는 권리가 주어지지 않은 것이다. 그렇게 아주 어린 시절, 즉 우리 자신의 목소리를 갖기 이전부터 상전의 목소리가 울리기 때문에 우리는 상전의 목소리를 옳은 것으로 기억한 채 성장할 수밖에 없다. 그래서 어른이 되어 마음의 한편이 옳지 않다고 느낄 때에도 여전히 다른 한편에서는 불편감과 죄책감을 느끼게 된다. 자아는 상전의 명령을 듣지 않는 자신을 질책할 수밖에 없는 것이다. 그렇게 신 앞에서, 세계 앞에서 인간은 자기를 질책할 수밖에 없는 운명을 벗어던지지 못한다. 그녀는 자기 길을 가는 것이 나쁘지 않다고 생각하고 있었지만, 그럼에도 불구하고 자기의 길을 가는 것은 나쁘고 옳지 못한 짓이었다. 그녀 안에는 상전과 하인이 있었으며 그녀의 자아는 하인이었다. 하인은 상전의 목소리에 대항하려 하였지만 여전히 굴종하고 있었다.

다른 측면에서 볼 때, 그녀는 자기를 찾고 실현하고자 하는 욕구와 외부에서 부과된 조건 그리고 그 조건에 맞게 행동함으로써 인정받고 사랑받고 싶어 하는 마음 사이에서 갈등하고 있었다. 로저스1980는 인간에게 성장하고 자기를 실현하고자 하는 자연적 욕구가 내재해 있다고 믿었으며 이를 유기체적 욕구라고 불렀다. 로저스는 목사의 아들로 태어나 평생을 종교와 인간 그리고 과학적 심리학과 인간적 심리학 사이에서 갈등했다. 그러나 그가 만일 동양에서 태어났다면 아마도 우리 안에 신성이나 불성이 있다고 설파했을지도 모른다. 그러나 우리가 태어나고 살아가는 가족과 사회의 환경은 우리의 이런 자연적인 욕구가 개화될 수 있도록 길을 열어 주지 않는다. 삶 속에서 우리의 행동은 판단당하고 욕구는 제지당한다. 우리의 행동은 조건부로 받아들여진다. 이때 조건부란 우리의 욕구나 충동, 감정이 있는 그대로 받아들여지지 않음을 의미한다. 우리는 공부를 잘하거나 명령과 지시에 순응해야만 칭찬을 받는다. 교실이나 복도에서, 운동장이 아닌 곳에서 함부로 놀거나 뛰면 제지를 당한다그러나 왜 교실에서는 놀거나 뛰고 술래잡기를 하거나 잠을 자면 안 된다는 말인가? 교실은 그런 곳이면 안 되는가? 교실도 조금은 그런 곳이어야 하지 않겠는가?. 어느 날 공부가 조금 남보다 뒤처지기라도 하면 끈기가 없다고, 노력을 하지 않았다고 야단을 맞는다. 그리고 다음 날 더 열심히 해야 한다고 매일 매일 학원에 데려다 주고 밤 열두 시까지 아이를 감시한다. 힘들다고 하면 엄살이라고, 다른 아이들도 똑같이 한다고 말하면서.

그러므로 우리의 사랑에는 사실 항상 조건이 떠나지 않는다. "만일 네가 이렇게 한다면 너는 착한 아이고 좋은 아이야. 그때 나는 너를 사랑해 줄 거야."라는 식으로 말이다. 부모가 자녀를 조건 없이 사랑한다고? 모든 부모의 사랑이, 모성은 위대하다고? 그러나 그건 허위다. 부모조차 자녀가 자기를 따르고 순종하는 특정한 조건하에서만 사랑한다. 부모들은 이기적이다. 모성은 원래 이기적이다. 때로 부모들은 자기 아이가 남보다 낫기를 바라고 경쟁에서 이기기를 바란다. 모든 부모들은 자기가 이루지 못한 것을 아이가 대신 이뤄 주기를 바란다. 모든 똑똑한 부모들은 이기적이고 헛된 자신의 욕망을 충족시켜 줄 때만 아이를 사랑한다.

그녀에게도 부모의 사랑은 조건적이었다. 그 사랑의 조건은 부모가 지시하고 가르치는 것을 따를 때에만 획득이 가능한 것이었다. 그리고 그녀는 아직도 아이여서 누군가의 사랑을 갈구하고 있었다. 그 사랑을 얻으려면 그녀는 자기를 버리고 스스로에게 상처를 내야 했다. 그중 어느 쪽도 그녀에게는 상처였겠지만, 그녀가 외부에서 부과된 지시에 따르지 않고 자기 안에서 들려오는 자기 성장의 욕구에 귀 기울일 때 상전_{초자아}으로부터 이기적이라는 평가를 들을 것만은 분명했다. 그녀는 혼자 있을 때는 물론 자기를 추구할 때조차도 상전의 목소리를 외면할 수 없었다. 그녀는 외부 혹은 상전의 목소리를 자기의 것으로 착각하고 있었으며, 적어도 일부는 정당하다고 받아들이고 있었다. 그러므로 나는 그 상전의 목소리를 뚫고 들어가야 했고, 최소한 그것이 외부에서 부과된 목소리이며, 그녀 자신의 목소리가 아니라는 것을 알 수 있게 해야 했다. 내부와 외부의 충돌하는 목소리 사이에서 균형을 잡을 수 있도록 해야 했고, 그녀 스스로 둘 중에 하나를 선택할 수 있는 공간을 열어 주어야 했다. 그 길은 어렵고 숨차 보였다.

그리고 이제 성인이 된 그녀에게 아버지의 목소리는 아버지가 아닌 다른 대상으로 대치되어 들려오고 있었다. 그것은 남자친구에게서도 들려왔고, 직장 상사나 대학 교수에게서도 들려왔다. 그녀는 "이상하게도 밖에서는 잘 안 돼요. 위축되고 말을 잘 못해요. 특히 윗사람 앞에 가면……눈치를 자꾸 보게 되고……."라고 말했다. 내가 "그럼 다른 사람들이, 윗사람들이 자신을 어떻게 볼 것 같나요?"라고 묻자 "별로 안 좋게 볼 것 같아요."라고 대답했다. 그러면서 어린 시절의 이야기를 꺼내기 시작했다.

"여섯 살 때 엄마와 아빠는 주말에도 일을 했어요. 휴일에도 부모님은 늘 바빠서 함께 놀러 간 적이 없었지요. 아니, 사진을 보니 한 번은 있더라고요. (웃음) 언젠가 부모님은 못가고 삼촌 가족들과 놀러 갔는데, 사촌동생 장난감을 갖고 놀다가 망가뜨렸다고 야단을 맞았어요. 하지만 우리

가족이 아니니 하소연할 곳이 없었지요. 같은 동네에 살던 아줌마네와도 놀러 간 적이 있는데 나는 혼자였어요. 그런데 같이 온 사람끼리 나 몰래, '쟤는 재롱도 못 피고 애어른 같다.'고 흉을 보는 거예요."

그녀는 잠시 눈물을 비추었다. 나는 말했다.

"다른 집에 얹혀 놀러 가야 했군요. 마음이 불편하고 같이 있기 싫었겠네요. 부모님도 없고. 함부로 말도 할 수도 없고, 그 집 아이들이 부러웠겠어요."

그녀는 다시 말했다.

"머리를 뽑고, 당기고, 꼬고 그래서 탈모가 된 적도 있어요. 지금도 그런 습관 때문에 머리끝이 상해 있어요. 토끼 인형의 털을 다 뽑아서 인형이 대머리가 된 적도 있고요."

실제로 그녀는 상담 중에도 머리카락끝을 자주 만지고 꼬는 행동을 보였다. 그 행동은 불안한 자기를 스스로 진정시키고 위로하는 것 같기도 했으며, 자기를 알아주지 않는다고 화를 내거나 분풀이를 하는 것 같기도 했다. 어떤 행동에는 중층적인 의미가 내재해 있다.

"어릴 때 어느 날 엄마 머리를 만지고 잤는데, 엄마가 '아
프다, 네 머리 만져라.' 그러는 거예요."

"엄마 머리카락을 만지면 어땠나요?"

"폭신하고 좋았어요. 잠잘 때, 엄마가 꼭 안아 줄 때가 제
일 좋았어요. 엄마 살 냄새와 포근한 엄마살……. 그렇게
잘 때만은 엄마를 꼭 안고 자고 싶었어요. 그러다 어느 날
혼자 잤는데 그때 많이 허전했어요. 그래서 엄마를 대신할
게 필요했나 봐요. 인형 같은 것."

그녀는 사랑과 위로가 필요했던 것이다. 그리고 그녀는 잠시
자기분석으로 빠져들었다. 책을 읽으며 자기를 위로하고 이해하
려 했듯이, 책의 위험성이 그러하듯이, 그녀는 지적으로 자기를
이해하고 분석하려는 버릇을 간혹 보이고는 했다. 그렇지만 나
는 그런 그녀의 이면을 지적하지 않았다. 그녀가 연이어 말했다.

"엄마에게 미안해요. 근데 엄마는 마음과 달리 다정하게
대해 주지를 않아요. 내가 어떤 일을 겪었는지도 몰라요.
관심을 가지고 알았어야 하는데……. 나는 엄마가 걱정할
까 봐 이야기도 못하고 그랬는데……."

그녀는 눈물을 흘렸고, 나는 말했다.

"엄마가 지켜 주기를 바랐는데 그러지 못했군요. 그런 어린 나를 지켜 주지 못한 엄마가 어떻게 보이지요?"

"엄마가 이야기도 안 하고 듣지도 않는 것 같아요. 안 듣는 것 같아요."

"엄마가 당신의 목소리를 외면하는군요. 그 느낌이 어떤가요?"

"벽을 보고 이야기하는 기분이에요."

그녀는 흐느꼈다. 그녀를 짓누르는 외부의 목소리가 아무리 강력하다고 할지라도 그녀에게는 귀 기울여 줄 누군가가 필요했던 것이다. 그런 누군가가 있었다면 그렇게 자기 안에 이식된 목소리에 죄책감을 느끼지는 않았을지도 모르고, 주눅이 들거나 겁을 먹지 않았을지도 모른다.

그녀는 다시 직장 상사에 대한 이야기를 꺼냈다. 그녀가 초점을 잡지 못하고 왔다갔다하고 있었지만 나는 그녀의 흐름에 몸을 맡겨 두었다. 어머니에게는 더 깊은 탐색이 필요한 그리움과 원망이 새겨져 있었지만, 어머니에 대한 이야기는 다시 돌아올 것이었다. 나는 그녀의 흐름을 깨지 않으면서 충분히 자기 자신의 목소리를 내도록 내버려 두었다. 그녀는 직장에 여자 상사가 있는데 신경질적이고 권위적이라면서 약하게 보이면 괴롭히거나 혼을 낸다고 비난하기 시작했다. 그녀의 말만을 들어보면 직장 상사는 나쁜 사람이었다. 그러나 그것이 그녀의 지각이고 해석인지 아니면 실제로 상사가 그런 사람인지는 알 길이 없다. 그녀의 해석은 올바른 것일까? 상사는 실제로 그런 사람일까? 아니면 그녀가 아버지의 목소리에 느끼는 방식이 상사에게로 전이된 것일까? 혹은 그녀의 행동이 상사의 반응을 촉발시키고, 둘 사이에는 밀고 당기며 서로 반작용하는 어떤 운명적인 상호작용이 오가고 있는 것일까? 그 어느 것도 가능했다.

나는 좀 더 구체적으로 묻고 확인을 해야 했다. 나는 직장 상사의 어떤 면들이 권위적이고 신경질적으로 보이냐고 물었고, 그녀는 다시 말했다. "공부를 하고 싶거든요. 그래서 그만 두겠다고 했더니 야단을 치더라고요. 실수도 잦고, 일도 잘하지 못하면서 무슨 일인들 잘하겠느냐고 말이죠." 그녀는 이어서 "주변 사람들은 그냥 건들지 마라, 긁어 부스럼 내지 말라 하고요. 나도 왠지 주눅이 들어서 그냥 '네, 알겠습니다.' 하고 말았어요." 라고 말했다.

나는 정말 그녀의 상사가 신경질적인지 아니면 그녀 스스로가 긴장하고 복종하는 것인지 알 길이 없었다. 어쨌든 그녀는 지나치게 긴장하고 복종하고 있었으며, 거기에는 내사된 목소리가 작용하고 있는 것이 분명해 보였다. 나는 그녀의 속마음이 어땠는지를 물었다. 그녀는 '속상하다. 두고 보자.' 라는 마음이 들었다고 말했다. 그 마음은 그가 그녀의 상전에게 주입된 목소리에 대항하는 자아의 힘이었다. 속으로는 화가 났으며 자기 안에 오랫동안 내재되어 온 상전을 이기고 싶었던 것이다.

두려움과 분노는 동전의 양면과 같다. 두려움과 분노의 생리적 신호는 거의 동일하다. 두렵거나 화가 나면 우리의 몸에서 심장의 펌프질이 급격히 빨라지며, 피가 빠르게 돌고, 입이 마르고, 손발이 떨린다. 몸의 반응은 동일하다. 단지 행동 신호만이 다를 뿐이다. 두려울 때 우리는 눈을 내리깔고 도망칠 준비를 한다. 화가 날 때 우리는 주먹을 쥐고 노려보며 상대를 공격할 준비를 한다. 그 사인은 상대방이 나보다 강한가 아니면 내가 상대보다 약한가의 차이에서 비롯된다. 그리고 그 차이는 대개 미세한 것에 불과하기 때문에 두려움과 분노는 언제나 몸이 붙어 있는 쌍둥이와 같다. 그러나 그 힘의 차이가 고양이와 쥐, 포식자와 피식자의 차이처럼 절대적이라 하더라도 생존이 달려 있다면 피식자는 언제나 자기 목숨을 다해야 하므로 사실 포식자도 그러할 것이다. 고양이는 생쥐를 끝까지 경계한다. 목숨이 경각에 달한 생쥐가 코를 물 수도 있기 때문이다. 포식자가 피식자에게 혼이 나거나 다치는 일은 드문 일이 아니다, 두려움의 힘으로 분노를 일으켜 대항한다.

그래서 삶의 근원적 감정에는 옳고 그름과 같은 윤리적 문제, 선과 악의 구분이 존재하지 않는다. 그것은 나 자신의 목숨과 가치를 인정받았느냐, 인정받지 못했느냐 하는 생존과 인정의 차이에서 비롯된다. 그러므로 나는 치욕과 수치심, 두려움에 떠는 그녀를 인정해야 했다. 감정만이 감정을 이길 수 있다. 정당한 분노는 자생하는 목소리의 근원이 된다. 그리고 그 정당성을 누군가가 인정해 줄 때 자아의 목소리는 힘을 얻는다. 나는 그녀가 분노로 두려움과 수치를 떨쳐 내도록, 자기의 목소리로 이식된 목소리를 이겨 낼 수 있도록 도와야 했다. 그녀는 그 순간 한숨을 쉬었다. 나는 말했다.

"지금 한숨을 쉬네요. 한숨을 쉴 때 어떤 장면이나 생각이 스쳐 갔지요?"

"힘없는 내가 떠올랐어요. 웃으면서 이야기할 수 있었는데……."

"당신은 당당해지기를 원했는데, 그러지 못했군요. 그런 자신이 어떤가요?"

"그런 내가 싫어요."

"복종하고 말 못하는 자신이 싫었군요."

"죄 지은 것도 없는데, 내 자신이 무슨 큰 죄인이 된 것처럼 답답해요."

"당신은 당신 자신에게는 죄인일 수도 있겠네요. 그렇지 않나요?"

그녀는 잠시 가만히 있다가 쓸쓸히 대답했다. "그렇겠네요……." 나는 그녀의 잘못을 정상화하고 수용할 수밖에 없었다. 누구나 그러하지 않은가? 신에게 짓는 죄보다 자신에게 짓는 죄가 더 큰 법이다. 그 죄는 자신에게 올바르고 정직하지 못했다는, 용감하지 못했다는 의미에서의 원죄다. 원죄가 존재한다면 그 죄밖에 없다. 유일신을 믿는 종교는 그 죄의 자유마저 신의 영역으로 흡수하려 하지만 언제나 죄는 자신을 향한 죄다.

"사람들은 다 자기 자신에게 죄를 짓고 살지요. 자기를 속이는 게 다른 사람을 속이는 것보다 편리하고 수월하기도 하고요."

그녀는 조금은 안도하며 웃었다. 그 웃음은 상사나 치료자, 교수를 향해 웃는 가식적인 웃음이 아니라 진정한 웃음으로 보였다. 끝날 시간이 다가오고 있었고, 우리가 함께한 이 시간을 점검하는 것이 필요했다. 나는 아마도 아버지와 상사에게 그러했던 것처럼 감정과 소망, 태도를 무의식적으로 투사하고 있을 지금 이 자리, 나에 대해 물었다.

"지금 이 자리, 나에 대한 느낌은 어떤가요?"
"반은 덜어 낸 듯 편해졌어요. 처음에는 멍하고 불안했는데, 이상하게 보지 않을까 싶고 긴장도 하고……."
"내가 무섭거나 두려웠나 보네요. 구체적으로 내가 어떻게 볼 것 같았나요?"
"내 이야기를 들어준 사람이 없었어요. 사실 너무 힘들어서 중간에 다른 기관에 갔었는데 돈이 없어서 월급을 받으면 주겠다고 했는데……. 비용을 내야 상담이 가능하다고 해서……. 전화를 끊고 막막했었어요."

그녀는 절박했던 것이다. 그리고 심약한 심리학자인 나는 다행히 그녀의 요청을 받아들였다. 휴! 나는 속으로 안심했다. 그러지 못했다면 그녀는 또 다른 배신을 경험했을 테니까 말이다. 물론 나는 후불제였고 그녀의 경제적 여력에 맞춘 것이기는 하지만 일정한 비용을 받았다. 그리고 그것은 내가 다른 직업을 갖고 있었기 때문에 가능한 일이었다. 그럴 때는 교수라는 다른 직업을 갖고 있다는 것이 얼마나 고마운 일인가? 하지만 상담자도 자신과 가족이 먹고 살 수 있는 돈을 벌어야 한다는 점에서 그 상담자 역시 정당하다고 잠시 생각했다. 나에게 치료와 비용 간의 관계는 언제나 모호하고 이중적인 숙제와 같다. 그 해답을 제대로 풀어야만 나를 희생하지 않으면서 내담자도 떳떳한, 정당한 치료를 수행할 수 있을 것이다. 내가 이런 나만의 숙제에 잠시 빠져있을 때에 그녀의 눈에 눈물이 고이고 흘러내리기 시작했다. 그리고 말했다.

"남자친구의 아버지가 되게 자상하세요. 고민이 있느냐고 물어봐 준 적도 있고 일주일에 한 번씩 전화도 해 주시고요. 아빠가 전화할 때는 화낼 때 밖에 없는데……."

세상에는 좋은 사람들이 있는 법이다. 머리로는 그것을 알지만 상처받는 사람들의 몸은 그런 좋은 기억들을 모르거나 자꾸 거역하려고 한다. 하지만 그 순간 그녀는 몸으로 그것을 기억해 냈다.

　　"세상에는 좋은 사람들이 있고, 당신은 사랑받은 적이 있네요."
　　"화산의 분화구에 뭔가 뚫려 연기가 나오는 기분이에요. 약하게 보지 마라, 우습게 보지 말라고……. 뭔가 보여 주고 싶어요."

　하지만 그녀는 다시 불안한 듯 머리카락 끝을 만지작거렸다. 그걸 보면서 나는 아마 상당 기간의 시간이 걸릴 것이라고 생각했다. 그리고 그 시간에, 그 이후에도 나는 당분간 그녀 안의 목소리를 해석하지 않겠다고 결심했다. 치료는 몸으로 밀고 나가는 것이며 분석에는 언제나 주지화[12]의 위험성이 있다. 그녀는 이미 충분히 똑똑했고 그래서 책에 의지하는 그녀에게 분석이나 지적 이해의 위험성은 더욱 위태로워 보였다. 그녀의 목소리는 아직 연약했고, 내사된 상전의 목소리를 녹이고 자아의 목소리

12 intellectualization, 위협적인 감정을 피하기 위해 지적인 분석을 함으로써 문제를 다루려고 하는 것, 감정이나 충동을 느끼는 대신 사고함으로써 통제하려고 하는 것을 말한다.

를 키우기 위해서는 약한 자아를 버텨 주고 대항해 줄 수 있는 다른 목소리의 도움이 필요했다. 두 번째 회기가 지나갔다.

세 번째 시간: 부모의 사이를 차지하다

그녀는 2주가 지나서야 왔다. 그녀가 일 때문에 바빠서 상담 시간을 정기적으로 갖지 못하고 빠지기 일쑤였지만 그래도 우리는 상담을 진행하기로 했다. 왜? 그 이유는 극히 단순하다. 무엇보다 그녀 자신이 변화와 성장에 대한 욕구가 강했고, 나에게도 상담을 하지 않는 것보다는 하는 것이 났다는 확신이 있었기 때문이다. 그동안 어떻게 지냈는지 묻자, 직장에서는 여전히 눈치를 보고 이전과 다를 것이 없었는데 갑자기 눈물이 났다고 말했다. 내가 그 눈물의 장면을 묻자, 그녀는 "그냥 운 것 같아요. 모르겠어요." 하며 고개를 떨구었다. 그렇게 망설이고 주저하다 한참 만에야 겨우 눈물의 장면을 기억해 냈는데, 그녀는 부모와 동생을 위해 가족 여행을 계획했었다. 그녀의 경험에 가족여행을 가자고 하면 한 번도 간 적이 없었기 때문에 그녀가 먼저 예약을 해 놓고 여행에 대한 말을 가족에게 꺼낸 것이다. 그랬더니 아버지는 느닷없이 "여유가 없다. 바쁘다. 어떻게 사는지도 모르고 네 멋대로 혼자 예약을 하냐? 잘 한 짓이다. 칭찬받기를 바라느냐." 며 그녀를 질책했다. 가족을 위한, 부모에게 가까이 다가가

려는 시도가 좌절당하고 배척당한 것이다. 이후 그녀는 가족 관계에서 일어나고 있는 일들이나 그녀 자신이 느낀 점들을 줄줄이 토로하기 시작했다. 그녀는 "마치 먹이사슬 같아요. 아빠는 나를 야단치고, 엄마 눈치를 봐요. 그러면 엄마는 나를 위로하고, 나는 엄마에게 '됐어.'라고 퉁명스럽게 말하죠."라고 말했다. 그녀는 부모와 자신 사이에 일어나고 있는 역동적인 관계를 잘 이해하고 있는 듯이 보였다. 하지만 거기까지였다. 그녀는 이방인이었다. 그녀는 "나는 이야기를 하려고 애쓰는데 부모님은 다른 곳을 보고 있는 것 같아요. 혼자만 애쓰는 것 같아요. 이제는 애쓰기 싫고 벗어나고 싶어요. 예전에 나무 그림을 그린 기억

▶ 세 번째 회기에 내담자가 스스로 그린 그림

태양 아래 비대한 누군가가 샤워를 하듯이 태양의 비를 맞고 있다. 그 옆에 또다른 태양과 작은 소녀가 눈물을 흘리고 있으며 그 밑에는 관 속에 누군가가 누워 있다. 나에게 이 이미지는 그녀는 여러 자아가 다중적으로 나타나는 것으로 보였다.

이 나는데 햇볕이 부족한 것 같아요. 일주일 동안 계속 머릿속에 〈태양〉이라는 노래가 맴 돌았어요."라고 말하며 숨 쉴 틈 없이 눈물을 쏟아냈다. 어머니가 그녀를 위로하는 것 같았지만, 어머니는 아버지 편이었다. 그녀는 혼자 쓸모없는 짓을 했던 것이다. 그녀는 무력감에 휩싸인 햇볕을 받지 못한 나무와 같았다. 어디에서도 햇볕은 비추지 않았다.

그때쯤 그녀는 태양에 대한 그림을 그린 적이 있었다. 그녀는 나에게 자신이 그린 그림을 보여 주면서 갑자기 참을 수 없이 눈물이 쏟아져 당황스러웠다고 말했다. 그녀의 그림에서 태양은 둘이거나 그녀 스스로 태양이 된 것 같아 보이기도 했는데, 붉은 태양의 힘을 받은 한 사람은 크게 손을 벌린 채 비대해져 있었다. 그러나 그 옆의 다른 작고 미약한 태양은 눈물을 흩뿌리고 있었으며 태양이 된 그녀 역시 눈물을 버리지 못했다. 그리고 그 태양 아래 누워 있는 붉은 그녀 역시 눈물을 흘리며 관 속에 갇혀 있었다. 그녀는 다시 상처받았던 것이다. 한 번 상처받은 자는 더 이상 상처를 받지 않는다고? 작은 상처쯤은 아무 것도 아니라고? 아니다. 큰 상처가 패인 자에게는 작은 상처도 독이 된다.

그녀의 힘이 약했고 고통이 컸지만 그녀는 아버지와 어머니 그리고 그녀라는 삼각관계에서 일어나는 먹이사슬을 일부 자각하고 설명할 수 있었다. 그러나 그녀의 이해는 머리 안에서만 일어나는 통찰이었다. 그녀의 통찰은 가슴으로 이어지지 못했고,

▶ 내담자가 그린 자화상

이 그림은 아름답고 여성적이다. 그녀의 입은 말하고 귀는 듣는다. 그러나 눈은 감겨 있고 눈물을 흘리는 용도로만 한정된다.

여전히 부모의 품을 그리워하고 있었으며, 부모에 대한 책임감도 벗어 버리지 못했다. 상처받은 그녀는 남자친구에게 위로를 구했으며, 남자친구는 이제 그만 아버지의 그늘에서 벗어났으면 좋겠다고 말했다. 하지만 그녀는 남자친구의 말을 부모님과 자신을 떼어 놓으려는 것 같다는 의도로 받아들였다. 그녀 스스로 꿈을 이루고 싶다는 의지가 강했고 유학을 위한 돈을 모으고 있는 참이기도 했으므로, 남자친구의 그 말은 정당했으며 그녀를 격려하는 것일 수도 있었다. 그러나 그녀는 남자친구의 말을 위로의 의미로 받아들이지 못했고, 강제로 부모와 분리시키려 한다는 뜻으로 오해하고 있었다.

그녀는 부모와 떨어지는 것을 싫어하거나 망설이고 있었다. 그녀 자신이 먼저 부모와 분리되는 것을 두려워하거나 지나친 죄책감을 느끼고 있었던 것이다. 그러므로 가족관계의 먹이사슬보다 더 큰 문제는 그녀 스스로가 지고 있는 책임감의 멍에, 즉 분리에 대한 두려움이었다. 내가 보기에 그녀는 어른이었지만 어린아이이기도 했다. 그녀는 애어른아이이자 어른으로서 부모 옆에, 아버지와 어머니가 차지하고 있는 그 사이의 공간에 자리를 차지하고 싶어 했다. 책임감이 강한 그녀는 부모를 위해, 특히 쉬지못하는 아픈 어머니를 위해 무엇인가를 해 주고 싶어 했다. 그녀는 아마 잘했다는 인정과 칭찬을 듣고 싶어 했을지 모른다. 그러니까 아버지의 목소리가 요구하는 책임감에는 그녀 안에 숨은인정 욕구가 맞장구를 치고 있었을지도 모른다. 그렇게 그녀가칭찬을 받았다면 상전의 요구와 관심을 받고 싶은 어린아이의욕구가 모두 충족되었을 것이다.

그녀가 그렸던 가족화에서 부모의 사이는 그녀의 차지가 아니었으며 그녀는 혼자 고개를 돌린 채 책을 보고 있었다. 그녀에게 부모 사이의 그 가운데 자리나 적어도 가까운 옆자리가 필요하지는 않았을까? 그녀에게 주입되어 있는 상전의 목소리는 여전히 유효하고 타당하였으므로, 부모를 돌보지 않고 떠난다는것은 그녀에게 충분히 자책을 일으킬 만한 것이었다. 부모의 가운데 자리를 비집고 들어가고 싶은 아이와 자기를 돌보는 주체로서의 아이는 교묘하게 섞여 있어, 당장은 그녀도 나도 이 둘을구분할 수 없었다. 나는 그녀에게 이렇게 말해야 했다.

"부모님과 떨어지는 것이 두렵군요."

"네, 그런 것 같아요. 유학을 가고 싶지만 두렵고 걱정이
돼요."

나는 다시 물었다.

"혼란스럽겠네요. 무엇이 걱정되지요?"

"엄마와 아빠가 어떻게 될까? 힘들 때 챙겨 주어야 하는
데……"

그녀는 가족의 중재자, 장녀로서의 책임, 착한 신데렐라의 단
면을 드러내었다. 그녀 없이 부모는 온전할 수 없을 것이었고 어
머니는 특히 위태로워 보였다. 그러나 과연 그러할 것인가? 그녀
스스로가 말했듯이 아버지는 어머니의 눈치를 보고 있으며, 그
렇다면 그만큼 어머니는 힘이 있다는 것일텐데, 그녀가 빠진다
고 해서 부모님의 사이가 나빠지거나 갈등이 심해질까? 그리고
그녀 안에는 여전히 아버지의 목소리만이 유효한 것일까? 혹시
그녀 스스로 만들어 냈지만 회피해 온, 이를테면 앞서 말한 것처
럼 부모 옆에 머물고 싶은 어린아이의 욕망은 없는 것일까? 아니
면 내가 보지 못한 다른 무엇이 있는 것일까? 나도, 그녀도 말로
는 그 내심을 당장은 알 수 없었다.

나는 잠시 고민하다 가족 도형화를 이용해 가족관계의 역동
을 이끌어내 보기로 했다. 나는 세모와 네모, 동그라미 같은 간

▶ 내담자가 그린 가족도형화 그림

단한 도형과 색깔로 부모와 자신, 동생을 그리도록 요청했다. 한
참을 망설이다 그녀는 도형을 재현해 냈다. 그녀가 그린 가족 도
형화에서 아버지는 뾰족했고 사방으로 붉은 기운을 뿌리고 있
었으며, 어머니는 분홍빛의 테두리를 가진 노랗고 둥근 반달 모
양이었다. 그 사이에 그녀와 동생은 각각 보라빛과 분홍색의 동
그라미와 세모로 위치하고 있었다. 또한 동생은 그녀 위에 자리
잡고 있었던 반면 그녀는 보랏빛에 가장 낮은 곳에 위치하고 있
었다. 그녀와 동생은 왜 부모의 사이에 있고 그녀는 왜 가장 낮
은 위치에 있는 것일까? 그 모양이나 색깔에는 어떤 의미가 있
을까? 그 해답은 갖가지 전문가들의 해석보다 그녀 안에 있을
것이다. 나는 그녀에게 그림에 대한 느낌과 설명을 부탁했다. 그
녀는 아버지의 느낌을 '불같고 모나다, 뾰족한 것 같다.' 고 말했
다. 반면에 어머니는 그런 아버지를 포용할 수 있으며, 약하지만

둥글고 포용력이 있다고 했다. 그리고 자신을 나타내는 도형에는 보라색과 빨간색, 파란색이 섞여 있다고 말했다. 그녀는 잠시 그림을 쳐다보다 아버지처럼 불같은 것이 자신에게 감추어져 있는 것 같다고 말했다. 그리고 부모님의 사이가 가장 멀고 그 가운데 그녀와 동생이 있으며 특히 그녀가 가장 밑에 있음을 지적하자 그녀는 "떨어져 있어서 다행이에요. 다치니까요. 아빠가 엄마를 때리거나 상하게 한 적도 있어요. 사춘기 때요."라고 말했다. 나는 물었다.

"그런 적이 있었군요. 그때 기분이 어땠나요?"
"무서웠어요. 엄마를 지켜야 할 것 같고, 근데 나는 힘이 없고."

부모님의 사이에 그녀가 있어야 할 또 다른 이유가 있었던 것이다. 그녀는 부모님의 사이를 떨어뜨려 놓아야 했다. 그 사이는 사랑과 관심의 자리이기도 했지만 폭력과 다툼, 두려움의 자리이기도 했다. 어린 시절 그녀의 아버지는 때로 어머니와 화목하지 못했고, 어쩌다 언어적 · 물리적 폭력을 행사하기도 했다. 그리고 그 기억에는 아버지에 대한 그녀 자신의 두려움의 기억이 겹쳐 있었다. 하지만 이번에도 그녀 스스로가 금세 말을 바꾸었다.

"나중에는 엄마가 역공을 했지요. 그럼 아빠가 아무 말 못하고, 가만히 있고……. 지금도 아빠는 엄마 말만 들어요."

분명 그녀는 두려웠고 자신이 어머니를 지켜 주어야 한다고
받아들이고 있었다. 그러나 그것은 옳지 않았다. 그것은 그녀 자
신의 착각일 뿐이었으며 부모 사이에는 그녀나 동생이 비집고
들어갈 수 없는 미묘한 친밀감과 상호 의존적인 관계가 있었다.
나는 그것을 반영해 주었고, 연이어 말했다.

"그럼 당신이 빠진다면 두 분의 사이는 어떻게 될 것 같
나요?"
"둘이 의지하면서 살 것 같아요."

나는 다시 말했다.

"당신이 없이도 두 분이 나름대로 잘 살겠군요. 그런데
무엇이 걱정이지요?"

그 순간 그녀는 다시 여러 가지 현실적인 걱정거리와 자기를
개입시킬 수밖에 없는 넋두리를 늘어놓았고, 그러면서 다시 무
기력하고 혼란스러운 상태로 빠져 들었다.

"엄마는 몸도 아프고 병도 많고……. 그런데 내가 없으면

병원에도 잘 안 가고 아빠는 직장에 나가 버리면 끝이고. 엄마 혼자 밥도 잘 안 챙겨 먹고……. 아빠는 세심히 챙기지 못해요. 근데 아빠는 나한테만 미루고. (침묵) 어떻게 해야 할지 모르겠어요."

그녀는 자신이 돌봐야 하는 부모, 즉 책임감의 영역으로 다시 돌아왔고, 그러면서 계속 자기 꼬리를 쫓아 도는 강아지처럼 빙빙 제자리를 맴돌고 있었다. 나는 답답했다. 내 느낌에 그것은 충분히 현실적이고 타당한 이유이기는 했지만, 자신이 없어도 그런대로 살아갔을 부모의 관계를 직시하는 것은 아니었다. 물론 나의 이해가 틀렸을 수도 있다.

고백하건대 치료자는 내담자를 앞서가지 않는다. 치료자는 내담자를 뒤쫓아 간다. 내담자는 화두를 내놓고, 치료자는 그 뒤를 항상 뒤처져 쫓아 가는 것이다. 하지만 치료적 장면에서 치료자는 마치 내담자보다 앞서 있는 것처럼 행동한다. 치료를 찾는 사람들 역시 그런 기대를 하면서 분석이나 상담을 찾는다. 그럴 때 치료자는 사람들에게 전능한 존재로 비추어진다. 점쟁이나 역술가, 종교 지도자는 사람들이 조금만 말을 꺼내도, 심지어 아무 말도 하지 않았는데도 그 사람 안에 숨어 있던 고통이나 슬픔, 욕망을 짚어 내면서 과감하게 처방을 알려 준다. 그럴 때 사람들은 기뻐하며 과감히 돈을 지불한다. 그러나 그건 거짓이다. 예언과 앞선 분석이라고? 그런 것들은 존재하지 않는다.

예언이란 사람들의 의존적인 욕구와 판타지를 충족시켜 주는 것에 불과하다. 오히려 치료자는 항상 내담자보다 늦다. 내담자는 항상 새로운 카드를 내밀고, 그 진실의 영역은 치료자가 아니라 내담자 안에 있는 것이다. 프로이트는 내담자를 다 분석한 것이 아니었다. 그는 내담자의 미래를 예측한 것이 아니었다. 그는 단지 내담자가 두렵고 고통스러워 회피했던 길을 곧바로 앞질러 갔을 뿐이며, 내담자가 올 길목에서 기다리고 있었을 뿐이다. 그런 점에서 프로이트는 로저스와 다르지 않았다. 그러나 여러 현실적·심리적인 이유로 무기력하고 혼란스러워하는 그녀의 모습은 자신에 대한 정직한 고백이 아니었고, 그 어떤 것도 진실해 보이지 않았다. 그녀는 이성의 힘을 빌려 변명과 합리화의 언저리를 맴돌고 있었다. 이 난관을 어떻게 뚫을 것인가? 뚫고 가긴 해야 할 것인가? 나는 잠시 침묵하다 결심했다. 나는 다시 도형으로 돌아와 도형의 아버지에 대한 느낌을 물었다. 그녀는 대답했다.

"찔리면 아플 것 같아요. 화려한 불꽃이 연상돼요. 다가가기가 어려워요. 남자친구하고도 잘 지내는데……. 남자친구가 다가오면 싫고, 스킨십도 싫고 그랬어요."
"찔릴까 봐 두려웠군요. 그럼 아프지요."

그녀는 다시 눈물을 쏟았다. 그녀에게는 애도할 수 있는 충분한 공감적 타당화가 필요했고 나는 잠시 기다렸다. 그녀의 두려움 역시 통과해야 할 것이었다. 그러나 이 장면에서 공감적 타당화는 앞에서 그녀가 직면을 회피하였듯이, 다시 역기능적인 패턴으로 자신을 밀어 넣으며 합리화와 투사, 자책의 악순환과 무기력에 빠지게 할 위험이 있었다. '어떻게 하면 그녀는 그녀 없이 부모님 둘이서도 잘할 수 있다는 것을, 어떻게 하면 자기가 부모 사이를 가

▶ 가족 도형화를 응용한 치료작업

아버지는 크지만 뾰족하고, 어머니는 작지만 둥글다. 그녀는 가장 작고 아버지와 어머니 사이에서 자신의 위치와 갈 바를 정하지 못하고 있다. 그녀는 어디로 가야 할까? 그것을 함께하는 것 역시 치료자의 의무다.

로막고 있다는 것을 알 수 있을까? 부모 사이에 있는 혹은 있기를 원하는 자신의 모습을 알 수 있을까? 이런 생각이 드는 순간 나는 순간적으로 급해졌나 보다. 나는 가족 도형화에서 그녀의 모습을 빼고 부모 둘만 있는 모습을 그려 볼 것을 요청했다.

"아빠는 강한데 엄마는 약하고, 그러니까 엄마를 돌봐 주어야 하는 거네요. 엄마가 아빠한테 찔려 다칠 수도 있으니까 둘 사이를 중재해야 하는군요. 그러나 내가 없어도 두 분이 잘 살 것 같다고 했지요? 그럼 당신을 빼고 두 분만 그려 보겠어요?"

그녀는 자기를 제외하고 부모님 둘만 있는 도형을 그렸다. 그 그림에서 아버지는 여전히 불같이 뜨거웠고 위에 있었으며, 어머니는 위태롭게 밑에 위치하고 있었다. 둘의 사이는 더욱 멀어졌다. 내가 그림에 대해 물었을 때 그녀는 말했다.

"더 멀어진 것 같아요. 상하관계 같아요. 엄마는 아래, 아빠는 위에 있고. 하지만 실제로는 반대인데……."

그녀의 감정과 이성 그리고 무의식과 의식이 지각하는 것 사이에는 커다란 간극이 있었다. 그녀가 지각한 것과 현실이 달랐던 것이다. 다행히 그녀는 그 순간 그 모순을 자각해 냈다. 그녀는 **똑똑했고** 하지만 그녀의 욕구나 감정은 똑똑하지 못했다. 어떤 사람이든 감정과 욕구 앞에서는 서열과 지위, 선악의 구분이 없다. 감정과 욕구만이 정직할 뿐이다. **나는 지각과 현실 간의 차이점을 반영해 주었다.**

"당신 마음이 느끼는 것과 현실은 다르군요. 현실에서는 그렇게 어머니가 약하거나 아래에 있지 않군요. 아버지도 어머니를 함부로 하지 않고 오히려 존중하고 조심하네요."

그녀는 말했다.

"그러네요. (침묵) 그럼 내가 아빠가 두려워서 그런 것일까요?"

"내가 두려워서 그렇게 느껴질 수도 있겠네요. 그럼 지금은 두 도형이 떨어져 있는 게 어떤가요?"

"잘 된 것 같아요. 가까이 가면 다치니까요."

"그럼 엄마는 어떻게 보이지요?"

"부드럽고 따뜻해 보여요. 생명력이 강하고……."

"그럼 지금은 둘 사이에 무슨 일이 일어날 것 같아 보이나요?"

"싸우지 않을까 싶어요. 한쪽이 귀속될 것 같아요. 동그라미가 잡아먹힐 것 같아요."

그녀는 부모의 관계를 인정하지 못했고 다시 두려워했다. 나는 공감적으로 그녀가 느끼는 두려움을 반영하면서 그 두려움이 부모에게 투사되어 그녀의 자각이 방해하는 것을 차단해야 했다. 그리고 부모 사이에 일어나고 있을 권력과 사랑의 역동에 집중하도록 해야 했다. 나는 다시 말했다.

"당신이 느끼는 두려움이 둘 사이에 끼어들고 있는 것 같아요. 둘만의 느낌에 집중해 보세요. 둘 사이에서 어떤 일이 일어날 것 같은지, 둘만의 느낌은 어떨지……."
"허전한데……, 심심하지는 않을 것 같아요. 동그란 볼이 탱탱해서, 자꾸 찌르면 알밤을 주듯이 쥐어박고, 하지 말라고 할 것 같아요."

나는 그 순간에 그녀가 느끼는 동그라미의 힘에 대한 지각을 집어 반영했고, 내가 느끼는 감정 역시 솔직하게 말했다.

"그렇군요. 그렇게 사이가 나쁘지는 않아 보이네요. 귀여워 보이기도 하고. 동그라미가 잡아먹히지는 않겠군요. 동그라미도 힘이 있네요. 그럼 지금 느낌은 어떤가요? 아까는 불안했는데."

그녀는 안심하는 듯 그러나 아쉽고 혼란스러운 표정으로 띄엄띄엄 말했다.

"그냥 덤덤해요. 아쉽기도 하고……. 근데 내가 있다면,
선생님, 나를 어디에 놓을지 모르겠어요."

그녀는 이전에 자신이 위치했던 자리를 잊어버렸고 혼란스러
워했다. 다시 위치를 찾을 필요가 있었고, 나는 그녀를 다시 밀어
넣어야 했다. 어두운 밤길에서는 별에 비추어 자기가 있는 위치
와 방향을 살핀 후 다시 나침반을 세워야 길이 보이는 것이다.

"그럼 그 공간에 당신의 위치와 모양, 색깔을 다시 그려
보겠어요?"

그녀는 정 가운데 자신을 그려 넣었다. 그 점은 작았고 정 가
운데 위치하고 있었다. 그녀는 다시 익숙한 이전 상태로 돌아온
듯했다. 나는 약간은 잠시 낙담하며 이 점을 반영하였다.

"둘 사이의 중심에 있군요. 그림도 매우 작고요. 그게 어
떤가요?"
"둘 다에게 안 좋을 것 같아요. 잡아먹힐 거고, 힘이 약해
지고……."

나는 다시 조금 더 부드럽고 강하게 그녀의 자아를 자극하였다.

"그럼 당신의 위치나 크기를 어떻게 할 수 있을까요?"

"거리를 조정해 볼 수 있을 것 같아요."

그녀는 작은 점을 좌측 끝 맨 밑, 아버지의 도형 밑으로 이동시켰다.

"마음이 편안하지만 내가 더 낮아진 느낌이에요. 그렇다고 엄마 옆에 가면 돌봐 주어야 할 것 같고……."

그녀가 새롭게 위치한 곳은 이전보다 낮고 잡아먹히기 쉬운, 가장 약하고 굴종하는 자리였다. 그녀는 잠시 그림을 바라보았고 잠시 그렇게 있다가 말했다.

"올라가고 싶어요. 뾰족한 것과 거리를 두고 싶어요."

그녀는 우측 끝의 높은 위치로 자신을 이동시켰다. 자아를 상징하는 동그라미는 조금 더 커져 있었다.

"더 커지고 우측 높은 곳의 끝으로 갔네요. 이 그림은 어떤가요?"

"불안하지는 않아요. 아쉽지만 둘 사이가 더 가까워진 것 같고, 동그라미를 볼 수 있어 좋아요. 이제 내 일을 하고 성공하고 싶은 생각이 들고……."

굴종을 확인한 후 그러나 둘 사이에 아무 일도 일어나지 않음을 직시하면서 변화에 대한 욕구가 자극되고 되살아났다. 책임감이 강한 성인이자 부모 사이에 있고 싶어 하는 어린아이였던 그녀는 겨우 자신의 자리를 찾았다. 그리고 부모 사이에 자기가 없어도 아무 일이 없음을 깨달았다. 자신이 느꼈던 책임감과 두려움이 과도하거나 비현실적인 것이며, 자기 스스로 그 자리에 들어가고자 한 것임을 체감한 것이다. 거기에는 사랑받고 칭찬받고 싶어 했던 한 아이가 그리고 그 자리를 채우지 못한 상실감이 있었다. 그러나 남은 시간에는 그 주제를 다룰 여력이 없었다. 하긴 어린 시절에 그녀는 부모 사이의 자리를 제대로 차지해본 적이 별로 없었고 커서는 일찍 그 자리를 동생에게 물려주어야 했다. 그러니 아쉬움인들 있을까? 그러나 이루지 못한 아쉬움은 항상 이룬 것들에 앞서 존재한다. 상처는 항상 행복보다 우위에 있어서 지금 누릴 행복이 있음에도 불구하고 사람을 괴롭고 고통스럽게 하는 것이다. 에피쿠로스Rist, 1972는 그래서 쾌락을 고통이 없는 상태라고 정의한 것일까? 세 번째 회기가 끝나가고 있었다.

네 번째 시간: 문 밖에서 호통을 엿듣다

그때 나는 할 일을 제대로 이행하지 않은 것 때문에 교직원과 전화를 하고 있는 상태였다. 나는 교직원들이 불합리하게 혹은 성의가 없어서 제때 일을 처리하지 않고 학생들을 배려하지 않았다는 생각이 들었고 화가 나 있었다. 나는 전화를 붙잡고 짜증나는 말투로 지시를 내리며 따지고 있었다. 우리 사회에서 상담자가 상담을 하듯이 일을 진행하면 대개는 일을 망치기 마련이다. 치료자가 교수 노릇을 하고, 개업을 하거나 행정 일을 맡는 역할그건 일이고 진짜 역할이다을 수행하려면 변신의 마술이 필요하다. 비록 그 일이 내게 맞지 않는 고급 옷을 입은 것처럼 불편하고 때로는 끔찍하지만, 나도 가끔은 변신을 하며 또한 그럴 수밖에 없다. 누구나 슬퍼하고 불안하거나 화를 낼 수 있지 않은가? 치료자가 화를 내지 않고 부드럽기만 하다는 것은 잘못된 신화에 지나지 않는다. 치료자 역시 상처를 주고받는 한 인간일 뿐이며, 그 인간의 힘으로 내담자에게 다가간다. 하지만 하필이면 그때, 그렇게 변신해 있는 순간에 그녀가 왔단 말인가? 그리고 맙소사, 재수 없게도 문은 왜 열려 있었던 것일까? 그녀는 섣불리 들어오지 못한 채 한동안 문 밖에서 나의 짜증섞이고 권위적인 말투와 대화 내용을 다 엿듣고 서 있었던 것이다.

그녀가 문을 열자, 나는 당황했고 황급히 나 자신을 추스렸다. 순간적으로 그녀가 나의 다른 모습 혹은 이중적인 모습을 보았을지 모른다는 생각이 들었다. 치료자는 부드럽고 화를 내면 안 된다는 신화가 내 안에도 있었던 것일까? 그리고 그녀가 매우 불안해할 것 같다는 생각이 스치고 지나갔다. 짐작대로 그녀는 내 눈을 똑바로 보지 못하였다. 목소리는 작고 떨렸으며, 손은 머리카락을 꼬거나 종이컵을 구기고 만지작거리다 잘게 찢고 있었다. 말은 엉키고 느렸으며, 한쪽 다리는 리듬을 타며 떨리고 있었고, 한참만에야 반응이 나왔다. 내가 어떻게 지냈는지 묻고 반응이 느림을 반영하였을 때도, 지금 이 자리의 느낌이 어떤지를 물었을 때도 우물쭈물하면서 "그럭저럭…… 그냥…… 많은 일들이…… 모르겠어요." 하면서 어색한 웃음을 흘렸을 뿐이다. 나는 기다렸고 한참 만에야 그녀는 "솔직하게 말해도 되나요?" 라고 조심스럽게 말을 꺼냈다.

　　"선생님이 화난 일이 있는 것 같아서……. 들어오면 불편할까 봐 밖에 서 있었어요. '언제 들어가지? 들어가도 괜찮을까? 아니면 그냥 갈까?' 싶기도 했고요. 목소리를 내서 이야기할 수 있다는 게 부럽기도 하고……. 나는 그렇게 하지 못하거든요."

　　그녀는 다른 사람 앞에서 특히 윗사람 앞에서 정당한 목소리를 내지 못했고 그래서 내가 부러웠을 것이다. 그러나 그녀는 분명히 나를 야단치는 대상, 상전으로 경험하고 있을 것이었다. 내가 그녀를 야단친 것이 아님에도 불구하고 그녀는 나를 두려워하고 있었다. 지금 이 순간, 이 자리에서 그녀는 내 눈을 보지 못했으며 솔직하고 편안하게 나를 경험하지 못하고 있었다. 오늘은 불행히도 내가 그녀의 두려움이 투사되는 전이의 대상이 되어 버린 것이다. 그러나 그 기회는 다행이기도 했다. 내담자는 항상 전이를 통해 치료자에게 어떤 특정한 모습을 간접적으로 요구하지만, 뜨겁고 생생한 전이의 기회는 쉽게 찾아오지 않는다. 그런 살아있는 전이를 경험할 수 있는 기회가 온다면 그 순간이 진짜 변화의 기회가 될 수도 있다. 나는 지금 이 순간의 자리가 그녀에게는 아프겠지만 두려움과 분노, 책임감과 죄책감이 왔다갔다 하는 자신의 관계 패턴을 경험하고 직면할 수 있는 기회가 될 것이라고 생각했다. 진정한 변화를 이루어 내기 위해서는 항상 냉정하고 이지적인 자기분석이나 이해보다 뜨거운 체험이 필요하다. 그리고 오늘 이 순간이 그런 기회가 될 것이다. 그녀와 나에게 위기이자 변화의 기회가 찾아온 것이다. 변화에 실패한다면 그녀는 다시 한 번 위기를 겪고 퇴행할 것이다. 그러나 뜨거운 경험을 통과한다면 그녀는 한걸음 더 나아가고 성장할 것이다. 나는 이 순간을 어떻게 그녀와 함께 통과해 낼 수 있을까? 나 역시 두려웠다.

나는 어려웠을 텐데 솔직하게 속마음을 이야기해 줘서 고맙다고 반응했다. 그러나 여전히 그녀는 내 눈을 보지 못했으며 목소리는 떨리고 있었다. 나는 지금−여기, 나에 대한 느낌이 어떤 지를 물었다. 그래도 그녀는 망설였고, 말은 단속적으로 끊겼으며, 목소리는 작았고, 여전히 반응은 느렸다.

"자연스럽게…… 나오지는 않는 것 같아요."

"지금 솔직하게 자기 생각을 말했잖아요? 그러면서 느낌이 어땠지요?"

"그냥……."

그녀는 망설였고 침묵했다. 손은 캔커피를 계속 두드리고 있었다. 나는 "지금 이 순간에 집중하지 못하고 손이 딴짓을 하고 있는 것 같네요."라고 그녀의 행동을 반영하면서 무슨 생각이 드는지, 어떤 장면이 스치고 지나가고 있지는 않은지 물었다. 내담자가 지금−여기에 집중하지 못하거나 반응이 없을 때는 치료자를 믿지 못하거나 아니면 자기만의 장면과 생각에 빠져 있는 경우가 많다.

"선생님을 보면서 말하기가 어려워요."

그러면서 "이게 역전이인가요? 전이인가요?"라고 물었다. 그녀는 다시 주지화로 흘러들려고 하고 있었다. 물론 지적인 통찰은 자기발견과 이해의 필수적인 단계이고, 나는 그녀의 이런 요청에 반응해 줄 수도 있었다. 전이가 아니냐는 그녀의 해석도 틀리지 않았다. 그러나 오랫동안 책이 그녀에게 그러했듯이, 지금 단계에서 해석을 해 주거나 그녀의 해석에 동의하는 것은 바람직하지 않았다. 도리어 지금 이 단계에서 해석을 하는 것은 그녀의 주의를 다른 주제로 돌리게 만들고 그런 면에서 그녀가 전이냐고 물은 것은 힘들고 어려운 주제를 다루기를 회피하고 싶어 하는 저항이기도 했다, 몸이 담고 있는 기억의 통과와 재생을 방해하는 도피처로 작용할 위험이 컸다. 과도한 생각이나 반성은 때로 회피와 동시에 자기만족이 되기도 한다. 내가 그 요청에 응하고 시간을 허비한다면 지적 논쟁이나 유희에 빠질 것이고, 아마도 우리 둘 다 많은 것을 얻었다고 착각할지도 모른다. 강박증 환자들이나 강박적인 성격의 소유자들, 학식이 넘치고 지적인 이해나 추구를 원하는 고급 내담자들과 치료를 진행할 때는 이런 일들이 간혹 벌어진다. 나도 그런 경험을 하다 자기기만에 빠진 적이 있었다. 그때 그 내담자들은 나를 칭송했고, 나 역시 내가 훌륭하다고 착각했었다. 그러나 그런 경우는 대개 치료에 실패하기 마련이었는데, 왜냐하면 지적 소비에 길을 잃어 내담자의 삶을 놓쳤기 때문이었다. 길은 저기 있고 가야 하는 것이지 말로 설명하는 것이 아니다. 길은 나를 기다린 채 거기에 있다. 내가 가지 않았을 때도 나를 담지 못한 길은 기다리고 있을 것이며, 가지 않는다면 변화의 기회는 사라질 것이다. 나는 계속 그녀의 행동을 반영했고, 그것을 자각하도록 하는 데 초점을 맞추었다.

"지금 무엇을 하고 있는지 아나요? 무엇을 하고 있는지 자기 몸, 행동을 보시겠어요?"

"시선을 못 보고 있는 것 같아요. 손을 두드리고 있어요."

"그렇지요? 지금 기분이 어떤가요?"

"답답하고…… 한편으로 내가 왜 그럴까 하는 생각이……."

나는 다시 지적인 분석으로 길을 틀려는 그녀를 안내하며 다시 물었다.

"지금 이 자리의 느낌이 어떠한지 몸의 느낌을 말해 보겠어요? 몸이 어떤지 그 느낌을 말씀해 보세요."

"어려워요……. 웃기기도 하고……. 긴장돼요."

"지금 이 상황이 이해가 안 되고 어색한 것 같네요. 하지만 속으로는 답답하고 긴장되는군요. 피하지 말고 그 느낌에 계속 머물러 보세요."

"싫은데……. 하루가 다 긴장이에요."

잠시 후에 그녀는 조심스럽게 말했다.

"어깨가 딱딱하고……. 긴장돼요."

그러면서 그녀는 한숨을 쉬었다. 나는 말했다.

"지금 한숨을 쉬는군요."
"편하게, 숨 쉬는 게 편하도록…… 자주 한숨을 쉬어요."
"이 자리가 불편하고 긴장이 되어서 한숨을 쉬는군요."
"그런 것 같아요. 어색하고…… 숨 쉬기가 불편한 것 같
아요."
"그래요. 지금 이 자리가 매우 불편하고 벗어나고 싶네
요. 그럼 문 밖에서 기다리면서 어땠나요?"

나는 지금 그녀가 느끼는 경험과 문 밖의 경험을 연관지었다.

"들어가도 될까 싶었고…… 몸이 떨리고…… 긴장이 되
고……."

한동안 그녀는 오랜 침묵에 빠졌고, 급기야 숨을 죽이며 울음
을 터뜨렸다. 그녀는 말없이 고개를 수그리고 눈물을 흘렸다. 나
는 그녀의 눈물을 닦아 주거나 위로하지 않았다. 그저 그 자리에
같이 앉아 있었을 뿐이다. 그 순간에 그녀가 흘린 눈물은 남들
앞에서 주눅이 들고, 눈치를 보고, 망설이는 자기 자신에 대한
원망과 부끄러움 같은 것이었다. 그 눈물은 응당 흘려야 했고 그
럴 가치가 있었으므로 나는 그녀를 위로할 필요가 없었다. 무엇

을 어떻게 할 수 없는 순간, 내 마음의 반쪽, 손가락 하나밖에 빌려 줄 게 없는 순간이 있는 법이다. 나는 가만히 있었고, 그녀가 말했다.

"무서웠어요. 직장에서 차장님이 옆에 있으면 어떻게 해야 할지 모르겠고 왠지 혼날 것 같고, 아빠 생각도 났어요."

나는 잔인하게 계속했다. 그녀에게는 몸이 느끼는 감정을 부인하거나 방어하지 않고 분명한 언어로 상징화하고 자각하는 것이 필요했다.

"지금 나에게도 무서웠을 것 같아요. 지금 나에 대한 느낌이 어떤지 말로 명확하게 해 줄 수 있나요?"
"나를 혼내는 것은 아닌데……. 무서워요. 그냥."
"내가 무섭군요. 내가 당신을 어떻게 하거나 어떻게 볼 것 같은가요?"
"선생님이 지금 직면을 시키는 것 같아요."

그녀는 직면이라는 용어를 사용했고, 심리학과 상담을 조금 공부했던 그녀는 다시 주지화의 오류에 빠졌다. 그녀는 그것이 도피일 수도 있다는 것을 모르는 것일까? 아니면 알면서도 지금까지 책에 의지해 자기를 이해하다 보니 습관이 된 것일까? 어쨌든 그 순간에 그 주지화는 그녀가 무엇인가를, 그녀의 용어대로, 직면을 거부하거나 두려워하고 있다는 표현이었다. 나는 다시 그녀 말대로 직면을 시켜야 했다. 어찌 되었던 그녀는 회피하고 있었으니까 말이다. 나는 말했다.

"당신은 진실을, 진짜 감정을 보기를 두려워하고 회피하고 있군요. 지금 머릿속에 떠오르는 이미지를 말씀해 주겠어요?"

나는 가끔 내담자들에게 이미지나 판타지를 묻는다. 그것은 인간에게 환상, 즉 이미지와 실제가 동일한 가치를 지니기 때문이다. 신경학적으로 환상은 뇌에 눈이 전달하는 외부의 실제 물체와 다르지 않다. 뇌는 환상과 실체를 구분하지 못하며, 눈과 시각은 그 경로에 불과할 따름이다. 그러므로 환상은 뇌에게 그 자체로 실체이며, 실체와 차이가 없다는 것이다Austin, 1998.

인간만이 스스로 창조해 낸 허상을 믿는다. 신의 이미지가 그러하고, 죽은 자를 불러내어 산 자와 화해하게 하는 씻김굿의 접신과 굿판이 그러하다. 그러나 신의 이미지나 죽은 자의 이미지는 실재하는 것이 아니라 산 자들의 뇌 안에 존재한다. 정신분열병에서는 흔하게 환청과 환시가 일어나며, 이 환청과 환시는 정신병을 가늠하는 가장 중요한 진단 기준이 된다. 이런 환상을 정신의학자들은 간혹 단순한 지각의 오류라고 치부해 버린 채 그

의미를 이해하거나 캐려하지 않는다. 그러나 거기에는 인간에게 하필 귀와 눈의 오류, 즉 환청이나 환시가 그렇게 많이 발생할 수밖에 없는지에 대한 진화론적 의미가 내재해 있다.

만일 판타지를 경험하는 존재가 개라면 후각이 발달한 개에게는 후각의 오류가 더 많이 발생할 것이고, 자신을 버린 주인의 냄새 때문에 괴로워할지도 모른다. 개가 후각의 의미로 괴로워한다면, 인간의 청각과 시각 역시 종의 차이에서 비롯하는 의미를 담고 있을 것이다. 그리고 그렇게 개인적 차원에서 비롯되는 의미 또한 청각과 시각이라는 감각 양식 안에 내재하고 있을 것이다. 인간은 시각과 언어가 가장 발달한 동물이다. 모든 포유류에서 보노보와 침팬지, 고릴라, 오랑우탄과 같이 두 발로 걸을 수 있는 유인원 그리고 그들과 같은 유인원에 속하는 인간만이 세계를 색깔로 지각한다. 그 색은 깊이와 의미를 풍부하게 전달한다. 그러므로 프로이트와 융이 꿈의 이해와 이미지에 대한 묵상융이 적극적 명상이라고 부른 것을 강조하였듯이, 누군가에게 남아 있는 환상이나 이미지는 그를 평생 따라다니는, 그를 괴롭히거나 따뜻한, 떠나보내거나 간직해야 할 의미에 다름이 아닌 것이다 Jaffe, 1962.

사람들에게 가장 중요한 기억은 인지치료가 주장하듯이 생각이 아니라 몇몇 이미지로 남아 있는 법이다. 그러므로 사람들이여 자신을 자랑스러워하지 말지어다. 인간은 이성에 앞서 시각적이고 감정적인 존재다. 자연은 무심하고 어질지 않아 만물을 짚으로 만든 생명 없는 개와 같이 여긴다_{황병국 역, 1986}. 그러나 불행히도 모든 동물과 인간은 생존하고 번성하기 위해 감정과 욕구를 갖고 태어난다. 인간은 다른 동물과 공유하는 미덕이 없이는 살아갈 수 없다_{Gray, 2002; Santayana, 1923}. 모든 동물들이 그러하듯이 데카르트가 주장했듯이, 동물은 기계가 아니다. 정말 기계가 존재한다면 우리 인간을 포함하여 모든 살아 있는 존재가 기계다. 우리의 조상이나 선조들은 백 년 전만 해도 세상 만물과 동물에 신성이 거주한다고 믿었는데 그 신성은 생명과 감정에 다름이 아니었다. 데카르트는 인류가, 원시 종족이 원래부터 알고 있던 것을 몰랐다. 지식인은 가끔 심각한 고집불통 바보와 같다. 몸 그리고 그 몸에 새겨진 기억과 이미지, 감정은 버릴 수 없다. 의지나 이성의 힘으로 지운 것 같았어도 상처는 결코 그렇게 버려지지 않는다. 몸에 새겨진 감정과 의미, 이미지는 지워지지 않는다. 그녀는 그 두려움을 직시하고 이겨 낼 수 있을까? 그녀는 겨우 그 이미지에 답할 수 있었다.

> "선생님이 화를 낼 것 같고…… 물건을 집어던질 것 같고……."

분명히 나는 그녀에게 화를 내거나 물건을 던진 적이 없었다. 오히려 나는 그녀를 만나는 상담 장면에서만은 적어도 그녀를 끔찍이 위하고 있었다. 그녀가 치료비를 내지 못한다 해도 그게 그렇게 분통이 터지거나 물건을 집어던질 일은 아니었다. 나는 억울했다. 하지만 어쩌랴! 그녀 안에는 무기력하고 약한 자아 그리고 강력한 권력을 지닌 채 그 약한 자아를 지배하는 가해자가 있었다. 그녀 앞에서 아무 짓도 하지 않았지만, 그 순간의 나는 일정한 권력을 쥐고 있다는 점만으로도 충분히 가해자였다. 그 순간부터 그녀는 쉴새 없이 울음을 터뜨렸다. 울음은 더 커지고 깊어졌다. 그녀는 꺽꺽거리며 울었고, 입과 코를 가리고 울었다. 나는 손수건이나 휴지를 내밀지 않았다. 나는 가만히 그 울음을 감당하거나 옆에 있어 줄 수밖에 없었다. 그 순간에 나는 그녀에게 가해자이자 동행자였다. 하긴 그녀의 아버지도 그러했을 것이다. 그녀에게는 다만 자신과 함께할 수 있는 시간과 그때 조용히 지켜 줄 누군가가 필요했을지 모른다. 죽음 앞에 선 애도도 그와 같지 않을까? 나는 경험하지 못했지만, 아니 어린 시절 처음으로 할머니의 죽음을 본 그 순간부터 딱딱하게 굳은 육체가 두려웠지만 얄롬2008은 죽어 가는 사람에게 한쪽 손가락을 빌려준 채 죽음의 순간을 함께 견디는 인간애에 대해 말했다.

그러나 그녀는 아직 젊었고, 어린 시절에 겪었던 일들에 대해 다시 한 번 이야기했다. 이미지가 그러하듯이 내담자에게 중요한 주제는 한 번에 그치지 않고 반복되어 흘러나오는 법이다. 어린 시절 그녀의 부모는 그녀가 투정을 부려도 받아줄 마음의 여력이 없었고, 그녀는 부모님과 놀러가 본 적이 거의 없었다. 사진을 본 후에야 한 번쯤 같이 놀러 가본 적이 있구나 하고 생각했을 뿐, 그녀가 기억하는 것은 주로 혼자 놀거나 야단을 맞고, 투정이 받아들여지지 않았던 기억, 다른 가족들에게 얹혀 놀러 갔던 기억이었다.

"소풍을 가서 '엄마 안아 주세요.' 게임을 했어요. 엄마
는 바빠서 따라오지 못하고, 같은 반의 다른 아주머니 식구
와 같이 갔는데, 그 집 아이는 자기 엄마 앞에 앉았는데 나
는 어떻게 할 줄을 몰랐어요. 아줌마는 나를 모른 체하
고…… 그 친구 장난감을 갖고 놀았다고 야단치고……."
"그때 있어야 할 자리에 엄마가 없었군요. 그 아줌마의
이미지는 어떤가요?"
"아무 표정 없어요. 뚱한 표정이에요."
"그런 아줌마를 보고 기분은 어떻지요?"
"보고 싶지 않아요. 무섭지는 않은데……."
"무섭지는 않군요. 그럼 뭐라고 말하고 싶지요?"
"건들지 말라고, 어린 나를 건드리지 말라고…… 당신 딸
들이나 챙기라고……."

그녀는 작은 목소리지만 겨우 겨우 말할 수 있었다.

"대항하고 싶었군요. 그 말을 하니까 기분은 어떤가요?"
"조금 통쾌해요."

그러나 그 목소리는 잦아들었고, 입술을 다시며 낮은 한숨이
되어 스며나왔다. 나는 그녀가 다시 무기력한 자아 속으로 빠져
들어가고 있다는 것을 알았고, 조금 더 그 과정을 견디면서 목소
리를 키우고 다시 한 번 큰 목소리로 말해 볼 것을 격려하였다.
그러나 그녀는 망설였고 자기 목소리를 내지 못했다. 사람들이
망설이거나 눈을 보지 못하고 목소리를 내지 못할 때는 무엇인
가를 두려워하는 경우가 많다. 특히 자신이 무엇인가를 말했거
나 행동했을 때 생길 후환을 두려워하는 경우가 많다. 그래서 나
는 그녀의 두려움을 구체화해야 했다.

"말해야 하는데……. 소리가 안 나와요. 얼마만큼 크게
이야기해야 할지 모르겠어요."
"말하기가 어렵군요. 말하면 어떻게 될 것 같나요?"
"듣고 있을 것 같은데……. 소리 내기가 어려워요."
"듣고 있는 데서 당당히 말하기 어렵네요. 그런 자기 모
습이 어떻지요?"

나는 그녀의 자아로 주의를 돌렸다.

"작고 약해요……. 지금 해야 하나요? 어디를 가도 시끄
럽다. 조용하라고 하니까……."

그녀의 목소리와 반응은 단속적으로 끊어졌다. 띄엄띄엄 그녀는 말했고 그 태도는 어린 시절 눈치를 보던 버릇과 다르지 않았다. 이 자리의 그녀는 어린 시절의 그녀와 다르지 않았으며, 나는 그녀가 지금 어린아이의 상태에 있음을 반영했다.

"야단맞을 것이 두려웠고 지금도 그러네요."

그녀는 침묵했다. 여전히 눈을 내리깐 채 말을 하지 못했으며, 저항과 회피 속에서 침묵하고 눈치를 보는 패턴을 지속하고 있었다. 나는 그녀의 두려움을 함께 견디고 버텨 주면서 그녀가 두려움에 대응할 수 있는 힘을 낼 수 있도록 또 다른 자아^{심리학자}들이 버텨 주기 혹은 보조 자아라고 부르는 작업가 되어 줄 필요가 있었다. 그녀의 자아는 아직 약했으므로 위협적인 대상에 초점을 맞추기보다는 자아 안으로 들어가 그 힘을 키우는 것이 필요해 보였다. 그녀 안에 있는, 그녀가 몰랐던 힘을 끄집어내고 동원할 수 있어야 했던 것이다. 그 힘은 치료자가 보조 자아가 되어 주는 동시에 내담자가 몰랐던 자아의 힘을 발견하고 그 힘으로 약한 자아를 뒷받침해 줌으로써 가능하다. 그러기 위해서는 그녀의 자아를 만나야 했고, 내담자 자신이 몰랐던 자아의 힘을 인식할 수 있어야 했다. 나는 그녀의 몸과 자아에 초점을 맞췄다.

"지금 몸의 느낌이 어떤가요? 입은 말을 못하고 눈은 앞을 보지 못하고 있는데 입은 어떤가요? 눈은 어떻지요?"

"입은 말은 하는데……. 소리가 잠겨 있어요."

"그럼 입이 돼서 말을 한 번 해 보겠어요?"

"왜 이야기를 못하지? 버벅거리고 더듬지? 한심해."

그녀는 반쯤 잠긴 작은 목소리로 말했다.

"목소리가 잠겨 있네요."

"할 말이 없는 것 같고, 숨고 있는 것 같아요."

"눈은 어떻지요?"

"보지를 못해요."

"나를 보면 어떨 것 같나요?"

"아빠 눈을 보면 잠을 못 자고 무서웠어요. 화날 때는 무섭지요. 날 죽일 수도 있겠다고 생각한 적도 있어요."

"아빠를 보기가 굉장히 무서웠군요. 그럼 당신에게 아빠 모습이 보이나요? 당신에게는 어떤가요?"

"모르겠어요……. 어떻게 할 것 같지는 않은데……."

그러면서 그녀는 다시 눈물을 쏟으며 무너져 내렸다. 나는 그녀가 눈물을 쏟은 그 순간에 어떤 장면이나 생각이 스쳐 지나가지 않았는지 물었다.

"차장님 시선이요. 내가 공부할 거라고, 직장을 그만두겠
다고 하니까, '네 주제에 무슨 공부냐, 갈 곳이 어디 있냐?'
라며 빈정거리면서 그냥 있으라고 하고……. 그 앞에서 아
무 말을 못 했어요."

"명령을 했군요, 무시하고. 그 시선이 어떻게 느껴지나
요?"

"차가워요. 벌레 보듯이 보거나……. 날 보지 않을 때도
많고……."

상사가 진짜 그러했는지는 알 길이 없었으나 차가움과 빈정
거림, 무시는 그녀가 느낀 시선이었다.

"그 느낌이 어떻지요?"

"싫어요. '왜 내가 그런 대접을 받아야 하지? 내가 일을
못하는 것도 아니고, 회계 일은 내가 해 오던 일이나 익숙
한 일이 아니라서 느린 것뿐인데…….' 야단맞고 혼나
고……. 옆에 있으면 더 일을 못하고 실수를 해요. 심장이
두근대고, 불안하고, 숨도 잘 안 쉬어지고……."

"지금 떠오르는 상사의 이미지는 어떤가요?"

"차가워요. 눈을 내리깔고 통화를 하고 있어요. 다른 데
보면서 내 눈은 보지도 않고 대수롭지 않게, '네가 그렇지,
할 수 있겠냐?' 그런……."

"눈을 보지 않는군요. 무시하고 인간 취급을 하지 않네요. 그게 어떤가요?"

"냉소적이에요, 주눅이 들어요."

"몸은 어떻지요?"

"위축되고, 긴장되고, 움츠러들고…… 조심하게 돼요."

그녀 안에 있는 자아를 받아들이고, 회피하고 도망 다니는 태도를 인식하면서 외부의 시선에 대항할 수 있는 힘이 일부 생겨나고 있었다. 그리고 그녀가 상사에게 느끼는 두려움과 반발심에는 그때까지 겪은 상처 입은 인간관계의 여러 이미지가 중첩되어 있었다. 그러나 여기까지였다. 그녀는 "못하겠어요. 느낌이 없어요. 느끼는 게 힘들어요."라고 한숨을 쉬며 무너져 내렸다. 나는 둘러서 가기로 결정했다. 나는 그녀에게 떠오른 눈빛의 이미지를 그려 볼 것을 권했다. 처음에 그녀는 상사의 눈을 그리고자 했지만, 그 눈은 어느새 감고 있거나 내리깔고 있는 눈으로 변형되어 있었다. 그녀는 "내 눈 같네요. 시선을 아래로 깔고."라고 말했다. 그녀는 다시 상사의 눈을 그렸고 그 눈은 맨 아래쪽에 있는 아빠의 노려보는 듯한 매서운 눈빛으로 변해 있었다. 나는 다시 물었다.

"그림을 보니까 느낌이 어떤가요?"

"무서워요. 긴장돼요. 팽창할 것 같아요."

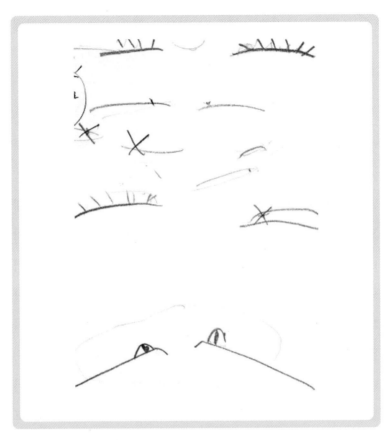

▶ 내담자가 그린 무기력한 눈과 매서운 눈

자기의 무기력하거나 웃고 있는 눈에서 매서운 상사와 아버지의 눈으로 변하고 있다.
그녀는 그 눈을 그리고 직면하는 것을 힘들어했다.

그녀는 겨우겨우 감정을 자각하고 받아들일 수 있었으나 그
시간의 한계는 여기까지였다. 그녀는 그 벽을 넘지는 못했다.

예정된 상담시간이 훨씬 지나고 있었다. 나는 여기서 회기를
마무리할지 아니면 더 진행해야 할지 잠시 갈등했다. 그녀가 힘

들어하고 있으므로 이 작업은 무리일 수 있었다. 그러나 이 시간은 뜨거운 학습을 할 수 있는 기회였고, 다시 오기 힘들었으며, 우리의 작업은 아직 부족했다. 게다가 그녀는 정기적으로 치료를 받으러 오지 못했기 때문에 다음 시간이 언제가 될지 알 수 없는 상태였다. 그래서 조금 더 시간을 연장하는 것이 어떨지 제안하였다. 그녀는 두렵고 직면하기 싫었을 것이다. 그러나 잠시 망설이기는 했지만 놀랍게도 시간을 연장하는 것에 순순히 동의했다_{나중에 내담자가 고백한 부분이지만 오기가 생겼다고 한다. 그런 것이 자아의 숨겨진 힘이다}. 우리는 그 시간을 다시 진행했다. 그녀는 다시 말했다.

> "어릴 때 동네 아저씨가 술을 먹고 행패를 부렸어요. 바가지로 머리를 때리고……. 그걸 아빠한테 이야기했더니 아빠는 내가 뭘 잘못해서 그럴 거라고……. 오히려 나를 야단치고."
>
> "무섭고 속상했을 텐데 그걸 아빠는 받아주지 않았군요. 오히려 야단을 맞고요. 말하는 게 소용없다고 느꼈겠어요."

그녀는 더 나아가기 시작했다.

> "한 번은 윗집 가족을 따라서 놀러갔는데 그 집 아줌마가 엄마 욕을 하고, 내 흉을 보는 거예요. 눈치가 보이고……."
>
> "그 아줌마가 뭐라고 흉을 보았나요?"

"일곱 살 씩이나 되서 투정을 부린다고……."

나는 그 반응을 정상화하고 반영할 수밖에 없었다. 가슴 한쪽이 아팠다. 다른 집에 얹혀 놀러 갈 수밖에 없었던 그 아이는 얼마나 외로웠을까?

"그 나이에 투정을 부리는 것은 당연한데 그게 받아들여지지 않았고 그래서 지금도 투정을 부리면 안 되는 군요."

내 말에 그녀는 조용히 눈물을 흘렸고 잠시 침묵했다. 나는 그녀에게 존재하는 기억의 이미지에 접근하기로 했다. 상처받은 기억이 변할 수 있을까? 아마도 기억은 변하지 않을지도 모른다. 그러나 그 기억의 의미는 바뀔 수 있으며, 그 기억이 미치는 영향력의 강도는 바뀔 수 있다. 아니면 기억에 반응하고 기억을 다루는 자아의 방식이 바뀔 수도 있다. 그러나 의미가 바뀌기 위해서는 기억의 사슬을 재체험하며 통과해야 한다. 나는 부드럽게 말했다.

"눈을 감고 그 장면으로 한번 들어가 보세요. 다른 집 식구와 같이 놀러 가던 장면이요. 어떤 장면이 떠오르나요?"
"내 흉을 보고 있어요. 자기들끼리 수근거리고……."
"기분이 어떻지요?"

"불편하고 눈치가 보여요. 빨리 집에 가고 싶고……. '왜 내 욕을 하지? 내가 그렇게 잘못 했나?' 근데 지금은 잊어버렸어요."

그녀는 갑자기 잊어버렸다며 반응을 끊어버렸다. 고통의 재현은 어렵고 회피하고 싶은 법이다. 나는 다시 부드럽게 직면을 하도록 했다.

"그 장면을 경험하면서 느낌이 어떤가요? 지금-여기, 이 자리에서요. 그 느낌을 말씀해 보세요."
"불편하고…… 어색하고…… 싫어요. 그냥 나는 벽을 보고 있는데 뒤에서 험담을 해요. 나는 어린데……. 어리니까 어떻게 할 수도 없고."
"나는 어리고 무력했군요. 할 수 있는 게 없었네요."

그녀의 안에는 어리고 무기력한 어린아이, 무기력하고 약한 자아 weak & helpless self가 웅크리고 있었다. 나는 그 어린아이를 보듬고 힘을 보태 주고 싶었다. 나는 초점을 바꾸어 다시 물었다.

"지금의 나라면 어떻게 할 것 같나요?"
"'왜 그런 말을 하냐?'고 하고 싶어요."

하지만 그녀의 목소리는 여전히 어린아이처럼 작고 여렸다. 그녀는 어린아이처럼 말하고 있었다.

"어떻게 해야 할지……. 말하는 게 힘이 나지 않아요. …… 지금의 나도 그런 목소리를 내기 어려운 것 같아요."

"그래요. 지금의 나도 힘이 부족할 수 있지요. 그건 아마 오랫동안 아이처럼 주눅 들어 왔기 때문일 수 있지요. 거기서 시작하는 거예요. 내가 목소리를 내기 어렵다는 것, 너를 도와줄 수 있는 힘이 부족하다는 것, 그 시점에서 다시 한 번 말해 보겠어요?"

잠시 망설이던 그녀는 갑자기 대상을 바꾸어 어린아이를 무시하고 흉보던 외부의 대상이 아닌, 멸시당하던 어린 시절의 자기에게 말했다. 그리고 그 말은 오랜만에 봇물이 터지듯 길었고 자기다웠다.

"아무 것도 해 줄 수 있는 게 없어서 미안해. ……내가 너보다 한참 언니인데, 네가 힘든 것 아는데……. 미안해. 그 아줌마에게 대적할 힘이 없어. 지켜 줄 힘이 없어. 엄마 아빠가 못 지켜 줘서 화가 났는데……. 나도 못 지켜 주고 힘이 없어."

그러다 그녀는 이렇게 말했다.

"근데…… 말할 힘이 생겨 돌아올 테니 시간을 줄래? 다시 올게."

고통을 통과하면 자아의 힘이 생기는 법이다. 그녀는 그런 의지를 표명했다. 그 힘은 치료자 안에서 나오는 것이 아니라 내담자 안에서 저절로 생성된다. 치료자는 그 과정을 도와줄 수 있을 뿐이다.

"지금은 힘이 부족하지만 다시 와서 어린아이를 도와주고 지켜 주고 싶군요. 어린 내가 뭐라고 하는가요?"
"울 것 같아요."

그녀는 다시 눈물을 흘렸다.

"'기다려 준다고……, 기다릴게.' 해요."
"믿고 있군요. 기다릴 것이고요. 그럼 지금의 나는 어떻지요?"
"조금 안심이 돼요."
"그 아이를 어떻게 해 주고 싶은가요? 혹시 지금 이 시점에서 어린 나에게 해 주고 싶은 것이 있나요?"

"보호해 주고 싶어요. 이렇게……."

그러면서 그녀는 캔커피를 잡았다.

"캔커피가 따뜻하게 느껴져요. 친근해요."
"그 아이는 어떤가요?"
"다른 아이도 생각이 나요. 삼촌 집에서 야단맞고 쫓겨났어요. 계단에서 울고 있어요."
"울고 있군요. 그 아이를 어떻게 해 주고 싶죠?"
"안아 주고 싶어요."
"그렇게 해 줄 수 있나요?"
"같이 있어 주고 보호하고 있어요."
"그 어린아이는 어떤가요?"
"보호해 주는 사람이 있어 기뻐해요."

힘없고 무기력해서, 두려워서 옛날의 과거를 직면하지 못하던 그녀는 이제 자신을 보호할 수 없었던 어린아이에게 말을 걸고, 같이 있어 줄 수 있었으며, 안아 줄 수 있었다. 캔커피는 식었지만 따스했을 것이고 그녀도, 어린아이도 오랜만에 덜 외롭고 평안했을 것이다. 그리고 이 세상이나 어른들이 덜 무서웠을 것이다. 내담자에게도, 나에게도 힘들었던 네 번째 회기는 두 시간이 걸렸다.

내가 이 시간이 어땠는지 물었을 때 그녀는 "다행이에요. 우화에 보면 약한 동물들이 사자 동굴에 들어가서 잡아먹히고 그러는데……."라고 말하며 힘없이 웃었다. 그녀는 직면하는 것이 힘들었다고, 어렵고 하기 싫고 잘 안 되는데 자꾸 왜 시키지 하는 반발심이 들었다고 말했다. 나 역시 "잡아먹히지 않고 살아 돌아와 다행이네요."라고 말하며 웃었다. 그녀에게는 이 날의 치료시간이 사자동굴에 들어가는 것 같았고, 그만큼 자기의 실제 모습을 보기가 두렵고 힘들었을 것이다. 그러나 그녀는 그 시간을 버텨 냈다. 극복하고 이기는 것이 중요한 것이 아니다. 때로는 이겨 내는 것보다 버텨 내는 것이 훨씬 더 중요하다. 인생에는 이길 수 없는 것들이 너무 많다. 시간이 지난 다음에도 내담자는 이 시간이 가장 힘들었다고, 하지만 동시에 가장 치료적으로 중요한 순간이었던 것 같다고 회고하였다. 나 역시 이 시간이 가장 중요한 변화의 기회였다고 믿는다. 만일 이 시간이 없었다면 변화가 더디거나 매우 오랜 회기가 필요했을 것이다. 나는 그녀를 잘 버텨 준 것일까? 모르겠다. 나는 나무 그림의 튼튼한 기둥과 뿌리에서 보였듯이 그녀 안에 숨은 힘을 믿었을 따름이다. 아직 갈 길이 멀지만 그녀는 견뎌 냈고 이 시간을 기회로 그녀는 달라질지 모른다. 나 역시 속으로 다행이라는 안도의 한숨을 쉬었다. 나는 안도했고, 네 번째 회기가 끝났다.

다섯 번째 시간: 정상과 병리의 차이

네 번째 회기가 끝난 후 우리는 거의 한 달 후에야 다시 만날 수 있었다. 중간에 공휴일들이 겹치기도 했고 그녀가 워낙 바빴던 것이다. 네 번째 회기가 너무 힘들어 미뤘을지도 모르지만 말이다. 내가 지난 번 상담 이후 어떠했는지 물었을 때 그녀는 웃으면서 "직면을 한다는 것이 힘들었다. 그게 이렇게 힘든 일인 줄 몰랐다. '이러다 죽으면 어쩌지!' 하는 생각까지 들었다."라고 말했다. 그녀에게는 그렇게 힘든 일이었는데, 나는 조금은 미안했다. 하지만 이전 시간과 달리 그녀의 눈맞춤은 나아져 있었다. 조금씩 내 눈을 보고 있었으며, 목소리는 이전의 크기를 회복하고 있었다. 그녀는 고맙게도 이렇게 말했다. "그래서 기운이 없었는데 조금 용기가 생긴 것 같아요." 내가 무슨 용기가 생긴 것 같으냐고 묻자 그녀는 "가능성이요. 좀 나를 비워 낸 것 같으니까요. 차장님도 좀 잘 해 주고 소리도 덜 지르고요. 덜 떨렸어요."라고 화답했다. 나는 상황이 나아졌다는 것에 또 한 번 안도의 한숨을 내쉬었다.

그러다 다음 순간 이런 생각이 들었다. 과연 상사가 변한 것일까? 정말 상사가 야단을 덜 치는 것이며 그래서 긴장을 덜했던 것일까? 아니면 그녀가 상사를 지각하거나 대하는 방식이 달라진 것은 아닐까? 나와 함께 이 자리에서 치료를 함께한 사람은 상사가 아니다. 그러므로 여기 없는 사람이 갑자기 달라질 수는 없다. 여기 없는 사람이 달라졌을 때는 여기 있는 사람이 달라져서, 여기에 없었던 사람에 대한 느낌의 강도와 방향이 달라졌기 때문이다. 나는 상사 앞에 섰을 때의 감정에 대해 물었고 그녀는 "긴장되기도 하는데, 그렇게 무서운 사람은 아니구나 싶었어요. 조금 편해졌어요. 그래도 아직은 남자 상사나 윗사람은 잘 못 쳐다보는데……. 나를 깨뜨려 보고 싶어요."라며 변화에 대한 욕구를 드러냈다.

　오늘 함께해 보고 싶은 주제에 대해 묻자, 그녀는 냉큼 "오늘은 상처를 안 건드리나요?"라고 물었다. 내가 먼저 상처를 건드렸던가? 내가 원흉이란 말인가? 그녀는 그렇다고, 말할 힘이 없는데 자꾸 시켰다고 말했다. 그렇다. 나는 그녀가 느낀 두려움을 함께하기는 했지만 그녀를 위로하지는 못했다. 당신에게 잘못이 없으며 다른 사람들이 잘못한 것이라고, 시간이 지나면 상황이 나아지거나 잊혀질 거라고, 괜찮아질 거라고 그녀와 한편이 되어 가해자를 비난하거나 어깨를 두드려 주지는 못했다.

　때로 사람들은 위로를 최상의 도움으로 착각한다. 물론 위로가 도움이 되는 경우는 대단히 많다. 그러나 성급한 위로나 격려는 아무 근거 없이 상황이 좋아질 것이라고 예측하거나 단언하게 만들며, 문제를 해결하거나 변화하는 데 도움이 되지 않는다 Rogers & Farson, 1987. 상황의 심각도를 간과하거나 무마하고, 진정한 감정의 무게를 회피하게 만드는 것이다.

사람들은 간혹 상대방에게 전해져 오는 한숨과 고통의 무게를 덜어 내거나 회피하기 위해 상대를 위로한다. 그러나 그럴 때 내담자는 오히려 자신이 이해받지 못했다고 느낄 수 있다. 진정으로 위로하는 일은 쉽지만 매우 어려운 일이다. 그래도 우리는 평범한 위로밖에 할 것이 없어서 위로를 한다. 할 말이 없을 때 우리는 서로 위로를 한다. 위로받은 자는 잠시 안심할 것이고, 그러면 사람들은 다시 위로를 찾을 것이며, 상처와 위로의 관계는 반복될 것이다. 유인원들이 서로의 털을 고르듯이 우리는 서로 위로하고 위로받는 존재다. 지금도 나는 진정한 위로가 무엇인지 잘 모르겠다. 내 친구 치료자인 홍석은 내가 힘든 토로를 할 때마다 "그래."라고 한숨을 거들며 술 한 잔을 따라 준다. 그리고 우리는 둘 다 먹먹히 창밖을 보며 가만히 있었다. 그는 거기에 무엇도 붙이지 않고 다만 나와 함께 같이 있어 줄 따름이다. 위로가 있다면 그것은 함께 짐을 지고 머물러 있는 것이다. 눈물을 흘릴 때 휴지를 건네는 것은 진정한 위로가 아니다. 울지 말라는 것은 진짜 위로가 아니다.

불행히도 나는 그녀를 위로하지 못했고, 내담자의 문제는 위로로 해결될 수 있는 문제도 아니었다. 그날 그녀는 나를 직장 상사처럼, 아빠처럼, 자기 흉을 보던 아줌마처럼 대하고 두려워했으며, 자기를 보호하고 회피하기에 바빴다. 그날 내가 위로하고 말았다면 그녀는 상처를 비껴 갔을 것이고, 그녀의 갑옷은 다시 한 번 견고해졌을 것이다. 나는 그 순간 어떤 판단을 했을까?

모르겠다. 그런 판단은 의식적으로 내려지지 않는다. 분명 위로는 우리가 맺는 이타적 관계에 속한다. 직면조차도 내담자를 위한 이타성에서 출발한다. 그러나 정작 위로보다 필요한 것은 상처와 몸, 몸의 기억과 감정을 직면하고 그것을 받아들이며 정면 통과하는 것, 그 안에서 상처의 주체와 객체, 그의 잘못과 나의 잘못을 구분하고 인정하며 나의 책임과 선택권을 받아들이는 것 그리고 스스로 자아의 힘을 양육하는 것이다.

나는 웃으면서 과장된 몸짓으로 "내 탓이라고 생각하는군요? 나도 힘들었어요."라고 말했다. 그녀는 물러서서 "그건 아니고요. 좋은 의도인 것은 아는데 싫었어요."라고 응답했다. 나는 다시 "두렵고 싫었군요. 그런데 어쩌지요? 그럼 앞으로 하지 말까요? 어떻게 할까요?"라고 말했다. 그녀는 "그건 아니고요. 나만 알고 싶었고 그래 왔으니까요. 앞으로 또 이야기를 어떻게 할지 겁도 나고요. 근데 차분해지고 좀 힘이 생긴 것 같아 신기했어요."라고 말했다. 다행이었다. 그녀는 자아의 힘을 발견하고 찾은 것이다. 그녀는 나의 고민을 덜어 주었고 나는 그 힘으로 다시 길을 나설 수 있었다. 그리고 이제 그녀가 먼저 말을 꺼냈다.

그녀는 최근 친구가 자기에게 "버림받을까 봐 두려워하는 게 아니냐!"는 말을 했다고 했다. 그렇게 생각하는 근거를 묻자, 그녀는 어린 시절 어머니가 일이 바빠서 어린이집에 자기를 떼어 놓고 뛰어가던 기억에 대해 말하기 시작했다. 그때 그녀는 울면서 매달렸고, 떼를 썼으며, 달래도 소용이 없었다. 견디다 못해

지친 어린이집 교사가 결국 포기한 채 어머니에게 전화를 하면 어머니가 와서 혼을 내곤 했다. 버림받는 것에 대한 불안을 심리학에서는 유기 불안abandonment anxiety이라고 부른다. 그리고 그녀가 알고 있거나 추측한 대로, 유기 불안은 어린 시절 불안정한 애착관계나 분리 불안separation anxiety에서 비롯되거나 이와 연관되어 있을 가능성이 있다. 어린 시절에는 당연히 누구나 자기를 돌봐 주고 함께할 수 있는 어떤 존재가 필요하다. 태어난 지 불과 몇 시간 안에 일어나고 걸을 수 있는 포유류 동물과 달리 인간의 아이들은 그 돌봄의 기간이 무척 길어서, 적어도 학교에 들어가는 학령기 이전까지는 돌봐 주어야 한다. 느끼고 생각하고 판단할 수 있는 뇌를 발달시키기 위해 인간은 그 오랜 시간을 허비해야 하고 양육자의 긴 보살핌을 필요로 하는 것이다. 그래서 인간은 수십 년 동안 지속되는 어린아이와 부모 사이에 끈질기고 질긴 애착attachment, Bowlby, 1969을 발전시킨 것이다. 그것은 내게 기적으로도 보이지만 낭비로도 보인다. 하지만 어쩌겠는가? 인간이 그렇게 만들어진 것을. 그녀도, 나도 자연의 계산과 기제에 종속되어 있다.

그 이전부터 어머니는 그녀와 함께 있어 줄 시간과 에너지, 경제력이 부족했으며, 그래서 떨어지기 싫어하는 그녀를 억지로 떨어뜨릴 수밖에 없었다. 그러나 혹시라도 그녀의 사랑에 대한 갈구가 너무 강해서 과잉반응을 일으켰을지도 모른다. 어떤 아이들은 생리적·유전적으로 특별한 기질을 갖고 태어나서, 그 나이 때에 일어나는 약간의 혹은 정상적인 분리나 떨어짐에도 민감하게 반응하고, 떼를 쓰고 숨넘어갈 듯이 과잉반응tempertantrum을 보이는 경우가 있다. 그녀의 기억대로 나이가 예닐곱 살이었다면 그 나이의 보통 아이들은 분리를 잘 견뎌 내거나 오히려 부모가 아니라 친구들과 노는 것을 좋아하는 경우가 많다. 물론 그런 경우는 이전에 애착 관계가 잘 형성된 경우에만 해당되는 경우이기는 하지만 말이다. 어쨌든 그녀의 연상과 기억대로 추측하건대 그녀에게 유기 불안이 있었다면, 그것은 어린 시절 분리 경험에 비롯되었거나 적어도 부모와 여러 번 원하지 않게 떨어졌던 경험들과 연관이 깊은 것이었다. 그러면서 그녀는 남자친구와의 관계 그리고 헤어짐에 대해 말하였다.

그녀에게는 오랫동안 사귀어 온 남자친구가 있었다. 남자친구는 제대를 한 후 유학을 갈 예정이었다. 남자친구는 함께 떠나 공부를 하자고 했으며, 그녀 역시도 그러고 싶은 마음이 강했다. 하지만 다른 한편으로 그녀는 남자친구에게 의지하고 싶지 않았다. 그녀도 스스로 할 수 있다는 모습을 자신에게 보여 주고 싶었다. 내게는 남자친구와 유학을 가서 하고 싶은 공부를 할 수 있다면 그것이 오히려 현실적인 방법이고 다행이 아닐까 싶었는데, 그녀 자신에게는 그것이 의지하는 것으로 보였던 모양이었다. 그녀는 앞선 면담에서는 유학을 가고 싶다고 말했지만 지금은 유학가는 것을 지나치게 꺼려 하고 있었다. 나는 그 양면적인 모순이나 갈등을 다행히 기억해 냈는데, 치료자는 내담자의 핵심적이고 중요한 사항을 기억할 수 있어야 한다. 그러나 동시에 치료 시간 외에는 자동적으로 잊을 수 있어야 한다. 내담자와 나의 관계는 상처와 비밀을 공유하는 가장 사적이면서도, 치료자-내담자라는 가장 공적인 관계에 있다. 그러므로 내담자와 나 사이의 기억은 치료 시간에만 재생되고 그 시간이 지나면 망각된다. 그녀가 팔을 다쳐 입원한 적이 있었는데, 그때 그녀는 아버지보다 남자친구에게 전화를 먼저 해 아픔을 토로하고 어떻게 할 것인지를 의논하였다. 아버지는 나중에 와서 누구와 싸운 건 아니냐며 면박을 주었을 뿐이다. 그녀의 마음에서 아버지는 멀리 있었고, 남자친구는 가까이 있었던 것이다. 그렇게 6년이란 긴 시간을 사귀어 왔다면 결혼 적령기에 있는 여자가 남자친구를 마음에서 더 가까이 느끼고 의지하는 것은 당연할 수도 있는 일이다. 그런데 그녀는 그런 당연한 일을 지나친 의존으로, 자기를 잃어버리는 것으로 받아들이고 두려워하고 있었다. 나는 남자친구에게 의지하는 것은 누구나 그럴 수 있는 것 아니냐? 사랑에 빠진 남녀라면 서로를 찾는 것이 당연한데 너무 병적으로 받아들이는 것이 아니냐고 반문했다.

힘든 경험을 한 사람들은 때로 정상적인 현상들도 병리적인 것으로 잘못 해석하고 받아들이며 과잉 걱정이나 염려를 하는 경향이 있다. 그녀 역시 그런 경향이 있었다. 그녀는 별로 병적으로 보이지 않는다는 나의 반영과 해석에 다소 안심하였으나 나는 그녀가 병리적으로 받아들이는 것을 조금 더 정상화할 필요가 있었다. 나는 남자친구가 혼자 유학을 간다면 어떨 것 같냐고 물었다. 그녀는 "보내 줄 것 같지만 시원하면서 섭섭할 것 같다. 심심할 것 같다. '힘들 때 누구에게 이야기하지?' 하는 생각이 든다."라고 말했다. 그때 그녀의 눈에서 갑자기 눈물이 떨어졌다. 나는 그때 떠오르는 이미지를 물었고 그 순간 그녀에게는 떠나 보내는 장면이 떠오르고 있었다. 그녀는 슬펐고, 다시 볼 수 있을지 걱정이 되며 2, 3년 안에 오거나 자신이 가는 조건을 걸 것 같다고 말했다. 그러면서 나도 하고 싶은 것을, 공부를 마치고 준비해야겠다고 말했다. 그것은 극히 정상적이고 현명한 대응이었다.

나는 한걸음 더 나아갔다. 헤어진다면 어떠할 것 같냐고 물었을 때, 그녀는 "상실감이 클 것 같다. 슬프고 많이 생각날 것 같다."라고 말했다 그 모습이 어떻게 보일까? 그게 일반적인 애인들의 풍경과 다른 것일까? 나의 물음에 그녀는 그냥 다른 사람들도 헤어질 때 보이는, 또래들이 보이는 모습 같다고 말하며 안도했다. 그녀가 남자친구와의 관계에서 경험하는 불안이나 슬픔은 그녀 나이의 연인들에게는 극히 정상적이고 보편적인 반응이었다. 그런데 그녀는 그것을 자아를 상실하고 잃어버리는 것으로 받아들이고 있었던 것이다. 그것은 분리 불안이라기보다 자기 상실의 두려움_{심리학자들이 함입 불안[13]이라고 부르는 것}으로 보였다. 그리

---

13 누군가가 자기의 경계선을 침범하는 것에 대한 불안. 예를 들면, 부모가 자녀를 통제하고 그늘하에만 두려고 하며, 이로 인해 자신의 독립성과 정치성이 훼손되거나 발달하지 못하는 것에 대한 불안을 말한다.

고 자기상실의 두려움을 느끼며 누군가를 때로 밀어 내는 것은 발달상에서 일어나는 분리 과정이나 아이들도 나이가 들면 어머니의 간섭을 밀어내고 거부하거나 때로 적대시하기도 한다 자기를 지키고 찾아가는 과정에서 건강한 것이기도 했으므로, 나는 그것을 정상적인 발달과정으로 돌려주어야 했다. 하지만 그녀가 느끼는 함입 불안의 밑바탕에는 과거의 양육자가 자기를 지켜 주지 못했던 경험, 자기조차 자신을 보호할 수 없었던 무력감, 외부 대상의 통제와 침투에 반복해 노출되고 육체와 마음의 경계선을 지키지 못했던 경험들 그리고 거기에서 비롯하는 과도하고 반동 형성적인 자기보존의 욕구 등이 도사리고 있었다.

그래서 나에게는 남자친구와의 이별보다 그 밑바닥에 있는 불안을 탐색하고 자기보존의 힘을 강화하는 것이 필요해 보였다. 나는 그녀에게 아까 잠깐 나왔던, 어린이집에서 어머니와 떨어질 때의 경험으로 돌아가 보자고 제안했다. 어머니는 그녀와 잠을 잘 때만 그리고 아침 시간에만 그녀의 옆에 있었다. 그 외에는 일을 하느라 옆에 있었던 적이 별로 없었다. 주말에도 지친 부모는 쉬거나 잠을 자기 바빴고, 그녀는 많은 시간을 혼자 놀거나 다른 가족들에게 얹혀 놀러가야 했다. 어디 가자, 무엇을 하자고 해도 돌아오는 대답은 "싫다. 피곤하다."는 반응뿐이었다. 그녀는 어머니의 이미지를 이렇게 말했다.

"내가 말하면 멍하니 다른 곳을 보고, 대답도 안 하

고……, 겨우 억지로 '알았어!' 하는 것 같아요. 내 말을 안 들어줘요."

"당신에게 관심이 없군요."

"학교 선생님 말만 듣고서 '너는 왜 그렇게 산만하냐? 책을 잘 안 읽냐? 야단치고……. 그래서 나도 툴툴거리고, 아빠는 나무라기만 하고……."

"진짜 산만하고 책을 안 읽는지, 왜 그런지 먼저 묻고 이해하려 하지 않았네요. 나를 믿어 주지 않았군요."

"고집이 세다고 했어요. 내 이야기는 안 듣고요."

"내 말을 듣지 않으니까 엄마 말을 듣고 싶지 않았겠네요."

"맞아요. 그래서 화가 났어요. 엄마는 나에 대해 알기는 할까?"

"엄마가 나에 대해 관심이 없다고 느꼈겠네요. 엄마 모습이 떠오르나요? 어떤 엄마 모습인가요?"

"남들에게는 자상하지만 나에게는 차가운……. 단어가 잘 생각나지 않아요. 시체 같다고……. 그렇게 표현해도 되는지……."

"시체 같다? 어떤 의미인가요?"

"냉담하고…… 대답이 없고…… 다가가기 어렵고……."

"그 엄마 이미지를 그려 보시겠어요?"

"파란색 옷을 입고…… 가만히 누워만 있어요. 어떻게 말해야 할지 모르겠어요."

"느낌은 어떤가요?"

"안쓰러우면서도…… 밉고…… 미안해요."

"안쓰러운데 미안하다고요?"

"아프고……. 그래도 엄마니까요."

나는 그녀의 말에 동의했다. 엄마는 그래도 엄마였던 것이다.

"맞아요. 그래도 엄마이지요. 그럼 미운 감정은 뭔가요?"

"나를 그렇게 몰라주었냐고 묻고 싶어요. 엄마에 대한 짐을 덜고 싶은데……. 잘 안 돼요."

그녀는 울면서 다시 무너져 내렸고, 나는 빈 의자 기법을 동원했다.

"여기 엄마가 있다고 상상해 보시겠어요? 엄마에게 방금 그 말을 들려주시겠어요?"

"(침묵) 잘 안 돼요. 말이 안 나와요. 무슨 말을 해야 할지……."

"오랫동안 숨겨 왔던 말, 하고 싶은 말을 하기는 매우 어렵지요. 무슨 말을 해야 할지 잘 모르겠지요? 그럼 그 말부터 해 볼까요?"

"무슨 말을 해야 될지 모르겠는데……. 엄마가 충격받을까 봐서……. 근데 엄마는 듣는 척만 하고, 나는 노력했는데……. 엄마는 노력도 안 하고……."

"잘 했어요. 당신은 엄마 옆에 가까이 가고 싶은데 엄마는 그런 당신의 마음을 몰라주거나 노력하려 하지 않는 것 같다고 말하고 싶었군요. 엄마가 뭐라고 하나요?"

"그냥…… 미안하다고…… 내 탓이지……."

그러나 그녀가 표현한 어머니의 말이나 행동에는 성의가 없어 보였다. 나는 말했다.

"뭔가 건성건성 말하는 듯이 보이네요."

"생각을 할 만큼 마음의 여유가 없는 것 같아요. 힘들고 아프거든요. 그런데도 일밖에 관심이 없어요."

"그렇군요. 엄마는 당신에게 미안해하지만 여유가 없네요. 그런 엄마에 대한 느낌이 어떤가요?"

"아쉬워요."

그녀는 띄엄띄엄 간신히 말했고 고개를 숙였다. 나는 침묵했다. 잠시 우리 둘은 가만히 있었다. 그녀가 말한 아쉬움은 무엇이라 말할 수 없는 상실감이자 그럴 수밖에 없음을 받아들이는 순간이었고, 동시에 그 상실을 잡아 두지 않고 떠나보내는 순간이기도 했다. 그녀는 오랫동안 그리움과 미움을 마음속에 잡아 두었던 것이다.

　그녀는 그 안간힘, 찰나의 힘으로 한 걸음씩 나아갔다. 그녀의 목소리는 작고 떨렸다. 그녀 옆에 충분히 있어 주지 못한 어머니를 아직 그녀의 마음속으로는 받아들이지 못했다. 그러나 망설이고 주저하기는 했지만 이제 그녀는 자신의 감정과 소망을 스스로 자각할 수 있었으며, 이를 표현하는 단어를 스스로 선택하고 고를 수 있었다. 치료의 과정은 무엇보다 무의식적인, 자기가 그렇게 하고 있으면서도 몰랐던사실 그게 진짜 무의식의 의미인지도 모른다, 감정과 욕구를 인식하고 이를 의식화하는 데 있다. 그리고 이런 의식화를 위해서는 명료화 작업이 무엇보다 중요하다. 언어를 통해 구체화·명료화할 수 있다면 내담자는 자신의 감정과 욕구에 주체로서의 주도권을 행사할 수 있는 가능성이 높아지는 것이다. 언어화된 것은 다음 과정에 길을 내주며, 자신이 명명한 것을 변화하도록 만든다.

　물론 언어적 자원이 부족한 어린아이들에게는 이 과정이 생략되거나 축약될 수 있다. 내가 내담자와의 치료적 작업에서 미술 기법이나 이미지를 활용한 것처럼, 미술치료나 놀이치료 같은 행동이나 시각적인 작업을 통해 오히려 무의식의 과정이 더 잘 드러나고 이해될 수도 있는 것이다. 언어에 생동감이 부족하다면 이미지는 그보다 훨씬 더 생생하며 생동감이 있다. 그러므로 이미지는 언어보다 우월하고, 체험과 통과가 수월하다. 인간은 언어 이전에 이미지를 먼저 배운다. 상처는 단어가 아니라 이미지 그리고 이미지와 연관된 감정, 충동 및 욕구의 형태로 저장된다. 반면에 인간의 의식은 가변적이고 단속적이므로 변화하는 순간순간 속에 있으며, 그 순간을 붙잡지 못하면 이미지는 흩어지고 사라지고 만다.

그러므로 대부분의 참다운 기억은 무의식을 깨닫는 이런 여러 작업들이 이루어진 후에야 의식화되고 자기 길을 찾을 것이었다. 언어화와 시각적 작업은 무의식에 잠재해 있던 기억을 의식의 수면 위로 떠오르게 만들고, 이런 과정을 통해 우리는 무엇인지도 모르면서 침해당했던 상처와 기억의 단편들을 알고 다스릴 수 있으며, 우리 자신을 변화의 흐름 속에 놓이게 할 수 있다. 그녀는 어머니에 대한 감정과 소망을 정확히 인식하고 눈과 입으로 그리고 표현할 수 있었다. 어머니는 그녀에게 귀를 기울이지 않는 얄미운 어머니였지만, 그녀는 어머니가 그립고 아쉬웠다. 그녀에게 어머니는 어머니였던 것이다. 세상의 모든 엄마는 그냥 엄마다. 다섯 번째 회기가 끝났다.

여섯 번째 시간: 사랑의 발견

이제 그녀는 상사와의 관계가 달라지고 있다고 말했다. 이전 같으면 화를 내고 무심하게 대했을 텐데 속마음과 달리 참아 주는 것 같았다. 상사는 천천히 하라며 기다려 주었고, 그래서인지 그녀의 마음이 조금 편해졌다. 속과 다르게? 그녀는 상사의 속을 어떻게 알았을까? 사람들은 심리학자인 나를 보고 사람 속을 잘 알겠다고, 지금 자기 속마음을 알아맞혀 보라고 장난스럽게 말한다. 그러나 나는 진짜 남의 속을 모른다. 심리학자는 독심술사나 마술사가 아니다. 심리학자는 어떤 한 사람의 삶을 겨우 엿보거나 들여다볼 수 있을 뿐이고, 그것도 여러 가지 정보를 바탕으로 개연적인 추측을 할 수 있을 뿐이다. 나는 오직 내담자와 관계를 맺는 법만을 안다. 그런데 그녀가 어떻게 상사의 속을 알 수 있단 말인가? 사람들은 자주 자신을 심리학자로 착각하는 경향이 있다. "저 사람은 착해. 낯을 가려. 범죄형이야. 나를 싫어해!"라고 말하며 자신의 판단과 추측을 서슴없이 이야기하고 확신하기까지 하는 것이다.

이와 유사하게 사람의 마음속에는 말하지 않아도 누군가가 자기 마음을 읽어 주기를 바라는 욕망이 있다. 그래서 그런 욕망을 은밀하게 채워 주는 직업들, 이를테면 점쟁이 같은 사람들이 있다. 현대에도 사주, 관상, 타로, 심지어 색채나 귀 심리학 등 점쟁이 직업들이 융성하고 있는 것은 그런 분야들이 과학적·실제적 타당성을 담보하고 있기 때문이 아니라 인간의 마음 안에 숨어 있는 욕망과 상처를 읽어 주고 미래에 대한 두려움을 감소시켜 주기를 원하기 때문이다. 즉, 그것이 인위적이거나 가짜일지라도 고통과 괴로움에 대한 이유를 찾아 주기를 원하는 욕망이 인간 속에 숨어있기 때문이다. 그러나 고백하건대, 진짜 심리학자는 당신이 자기 자신을 드러내고 보여 주지 않는 이상 사실 많은 사람들이 자기를 드러내지 않는 것 같으면서 은연중에 자기를 드러내고 암시한다. 심리학자들이 당신을 읽을 수 있다면 바로 이 은연중에 무의식적으로 드러내는 사인들 때문이다. 당신의 속 깊은 우물을 알 수 없으며 당신의 미래에 대해 함부로 단언하지도 못한다. 단지 심리학자는 은밀한 마음의 욕망과 감정, 고통, 코드를 읽고 관계를 맺으며, 그 마음 안으로 들어가 잠시 함께하는 법을 알 뿐이다.

그러므로 그녀는 상사의 속을 알 수 없을 것이고, 상사 역시 그녀의 속을 알 수 없을 것이었다. 상사는 그녀가 지각하는 그런 사람이었을지도 모르지만, 그녀가 상사를 잘못 오해하고 있었거나 그렇게 만들었을지도 모른다. 둘이 서로 오해를 하면서 무의식적으로 "너는 나를 좋아하지 않아. 너는 나를 싫어해. 그러니까 나도 내가 싫어."라는 메시지를 주고받았을지도 모른다. 전문가들은 이렇게 사람 사이에 일어나는 무의식적 과정을 투사-투사적 동일시 projection-projective identification라고 부른다. 내가 누군가를 싫어한다면 아주 처음부터 강렬한 호감이나 사랑을 느끼지 않는 이상은 그 사람도 나를 좋아하기는 힘들다. 나는 그를 싫어하는 티를 내기 마련이고, 그 메시지를 받은 그 역시 나를 좋아하지 않는다고 지각하면서 나를 싫어하는 행동을 할 것이며, 그럼 나는 "그럼 그렇지!" 하면서 애초에 내가 확신했던 것을 단언할 것이다. 그러나 상대방이 싫어하는 행동을 한 진짜 이유는 내가 먼저 그녀를 그렇게 만들었기 때문이다. 단지 그녀는 반응을 한 것뿐이다. 그러나 그녀의 반응에 의해 나 역시 그가 나를 싫어한다고, 내 추측이 옳았다고 확신하면서 실제로 믿고 행동하게 된다. 그렇게 관계는 순환되고 영속한다.

그러므로 관계가 변화하려면 어디선가 그 사슬을 끊어야 하고, 끊는 주체가 있어야 하는 법인데 투사와 투사적 동일시의 과정에서는 대개 상대방에게 원인이 있다고 지각하게 되므로 그 사슬을 끊기가 참으로 어려운 일이다. 상대가 변화의 주체이고 나는 책임이 없다. 그러나 상대는 지금-여기에 없다. 그러므로 악순환의 사슬은 끊을 수 없는 것이다. 대신 치료에서는 지금-여기 있는 사람으로 하여금 그 사슬을 끊거나 변화하게 한다. 상사가 달라졌다면 상사가 갑자기 어떤 획기적인 계시나 운명적 경험에 의해 달라졌기 때문일 수도 있지만, 그런 비약적인 개심은 현실에서는 거의 일어나지 않는다. 사실 상사는 지금-여기에 없었기 때문에 달라질 수 있는 기회가 없었다. 지금-여기 치료 장면에 있었던 사람은 바로 그녀였고 변화한 사람도 그녀였다. 그녀가 달라졌기 때문에 상사가 달라진 것이다.

나는 웃으며 상사의 속이 어떨 것 같으냐고 물었다. 그녀는 몇 개월 전까지는 상사가 그렇지 않았다고 대답했다. 외면하거나 말을 걸어도 모른 척했고, 자기만 보면 한숨을 쉬고, 일을 망쳐서 곤란하게 만들려고 하느냐며 시비를 걸었다고 했다. 그러던 상사가 갑자기 자기를 어려워하지 않아서 편하다고 말했다. 신경질적인 상사가 갑자기 친절한 신데렐라가 된 것이다. 어느 날 갑자기 팥쥐가 콩쥐가 되고 질투에 불타는 못생긴 언니가 착한 신데렐라가 되는 그런 마법은 세상에 일어나지 않는다. 나는 그녀가 달라져서 그런 것 같은지, 과연 진짜 상사가 달라진 것 같은지, 아니면 둘 사이에 무슨 다른 일이나 과정이 있었는지 물었고, 그녀는 내가 바라던 대답대로 자기가 달라져서 그런 것 같다고 말했다. 나는 안심했고 기뻤다.

그러나 그다음 그녀의 대답은 나를 배반했다. 그 달에는 마침 그녀의 생일이 있었고, 지방에 있던 남자친구가 올라와서 함께 있어 주었으며, 부모 역시 오랜만에 작은 선물을 하고 식사를 함께하며 축하해 주었다. 그때 그녀는 '아, 내가 사랑받는 존재구나. 이전에는 아닌 줄 알았는데.'라는 느낌이 들었다고 말했다. 그녀가 상사 앞에서 조금이라도 자신감을 가질 수 있었던 이유는 나와 치료적 작업을 함께했기 때문이 아니었다. 그녀가 달라진 이유는 남자친구와 가족, 즉 그녀에게는 더 없이 소중한 사람들에게 사랑받는다는 느낌을 받았기 때문이었다. 적어도 그녀는 그렇게 느끼고 있었다. 그녀의 대답은 나의 이기적이고 자기애적인 기대를 배반했다. 속으로 나는 서운했다.

하지만 다른 한편으로 나는 기뻤다. 가족이 갑자기 없던 사랑을 그녀에게 주지는 않았을 것이다. 아마 이전에도 그녀는 반복해서, 조금씩은 사랑을 받았을 것이다. 그러나 그 사랑의 크기는 상처보다 작았고, 상처가 더 컸기 때문에 사랑의 흔적을 발견할 능력이 없었을 뿐이다. 그런데 그녀에게 사랑을 발견하고 찾을 수 있는 능력이 생긴 것이다. 왜 이렇게 갑자기 급격하게 달라졌지? 너무 속도가 빠른 것 아닌가? 그런 정도의 사랑은 다른 이들에게는 매우 흔한 경험인데 그녀에게는 그렇게 위력적이었던가? 그만큼 그녀는 굶주려 있었나? 그리고 그녀 안에 잠재력이 이 정도로 컸던가? 나는 잠시 혼란스러웠다. 하지만 어쨌든 그녀가 얼마나 기뻤겠는가? 그리고 하여간 그 일부는 치료적 작업 덕분이 아니겠는가? 말하자면, 사랑을 발견한 것은 자신감을 갖게 된 근거리의 직접적인 원인이고, 그 사랑을 발견할 수 있게 일조한 나와의 치료적 작업은 원거리의 간접적인 원인인 셈이었다. 나는 그녀의 발견을 기뻐하면서 그러나 나의 서운함을 티 내지 않으려고 조심하면서 나 자신을 조금씩 위로했다.

어느새 그녀의 모든 것이 나아지고 있었다. 그 경험 이후 나와의 상담 때문이 아니라 그녀는 조금은 자신을 위해 투자하기로 마음먹었다. 가족을 위해 돈을 보태 드리고 저축하는 것이 우선이었고 공부나 자기 관리는 포기하고 있었지만, 이제 하고 싶은 것을 하려면 공부를 해야 한다는 생각이 들어 새벽에 일어나 도서관에 가기 시작했다. 그런 계획을 지키지 못하면 금방 "어쩜 그렇게 모자라냐!"라고 자기를 질책하기 바빴을 터인데 피곤해서 조금 늦게 일어나는 날이 있어도 괜찮다는 생각이 들었다. 외모에도 신경을 썼다. 그녀는 밝은 색상의 연한 화장을 하고 왔으며, 작지만 밝고 화려한 귀걸이와 반지를 하고 있었다. 눈빛은 밝아지고 또렷했으며, 칙칙하던 얼굴은 빛을 발하고 있었다. 느리고 끊어지던 말투는 유연한 흐름과 적당히 맑고 큰 어조를 회복하고 있었다.

그녀의 외모와 행동의 변화를 알아채고 지적하자 그녀는 스스로 자신에게 선물한 반지를 보여 주고 자랑하면서 남자친구가 좋아한다고 했다. 단지 한 가지일 뿐이었는데, 그 한 가지가 달라지자 나머지 부분들이 긍정적인 연쇄반응을 일으킨 것이다. 긍정적으로 자기를 이해하고 수용하는 점들이 늘어났으며, 자발적이고 능동적인 행동의 변화가 일어나기 시작했다. 변화는 자기 안에서 다른 사람에게로 확장되었다. 그리고 그것은 자기 안으로 다시 들어와 또 다른 자기 인식과 통찰을 촉진했다. 그녀는 묻지 않는데도 "옛날에는 안 한 것들만, 서운한 것들만 보였어요. 힘들면 못한다고 할 수도 있는데 거절을 못한 것 같아요. 내가 듣고 싶은 말들을 남에게서 들으려고 한 것 같아요."라고 말했다. 그녀는 이제 스스로 나아가기 시작했다.

하지만 그녀에게 남아 있는 상처의 뇌관은 다 제거되지 못한 상태였으며, 내게는 그녀가 방금 거둔 따끈따끈한 수확물을 확고히 해야 할 임무가 남아 있었다. 가지를 뻗고 잎과 열매를 맺으며 튼튼히 뿌리를 내리지 못한다면 방금 여린 꽃이 돋아나기 시작한 눈 속의 어린 꽃은 언제 다시 시들어버릴지 모른다. 그래서 나는 이제 직접 상사가 실제로 그렇게 무섭고 직설적인 사람인지 아니면 내담자 스스로가 그렇게 느꼈던 것 같은지 물었다. 그녀는 상사가 일중독자에 신경질적인 사람이지만 어떤 면에서는 상사도 약한 사람이라는 것을 알았다고 대답했다. 약한 사람이라고? 그건 또 어떻게 알았을까? 그 지각은 정확한 것일까? 그녀는 이제 상사 앞에서 말을 할 때 긴장을 덜했다. 눈도 잘 보지 못하는 부하 직원이었던 그녀가 "이렇게 하면 어떨까요?"라고 슬며시 제안을 하기도 했다. 그녀 자신의 표현에 따르면, 할 말을 좀 할 수 있게 된 것이다. 여기서 끝나지 않고 원래 계획대로 대학원을 진학하고 공부를 할 계획이니 일을 그만두어야겠으며, 일도 자신에게 맞지 않는 것 같다고 말했다. 사실 상사에게 말하지 못했지만 그녀가 맡은 회계나 세무 업무는 생소하고 적성에 맞지 않는 일이었으며, 그녀 스스로도 자기 일이 아니라고 여기고 있었다. 일에 대한 흥미와 적성, 자신감, 능력이 떨어졌으므로 업무가 제대로 되지 않을 것이 뻔했던 것이다. 그녀는 일이 자신과 맞지 않는다고, 업무를 바꿔 달라고 상사와 의논한 적이 없었고, "왜 그렇게 못하냐? 실수가 많으냐?"는 한숨 섞인 비판만 들었을 뿐이다. 의논이나 요구를 하지 않았으니 상사도 그 사정을 알 리가 없었다. 결국 상사와의 관계가 균열되고 긴장과 두려움으로 흐른 것은 그녀가 정당한 의견이나 자신의 어려움을 말하지 못했기 때문이었다. 그녀는 정당한 자기주장이나 거절을 못했던 것이다.

못하던 요구를 갑자기 어떻게 했냐고 묻자, 놀랍게도 그녀는 '무의식적으로' 했다고 반응했다. 여기서 무의식적이란 자동적으로 자기도 모르는 사이에 그렇게 했다는 의미에 가깝다. 사실 인간이 인간 자신에 대해 축복으로 여기는 이성이나 자의식은 때로 매우 불편하고 거추장스럽다. 주변을 의식하고 자기의 말과 행동을 의식하면 할수록, 잘하려고 하면 할수록, 발효된 빵이 부풀어 오르듯 온갖 자폐적이고 과장된 생각과 걱정거리들이 부풀어 오르고 두려움과 분노 등의 감정들이 부글부글 끓어오르기 시작한다. 그러면 이제 행동이 부자연스러워지고 지장을 받게 된다. 우리의 행동이나 말은 의식하지 못하는 사이에 자동적 · 관습적으로 일어나며 그것이 더 자연스러운 것이다. 밥을 먹거나 컴퓨터 자판을 두드릴 때 손가락은 자연스럽게 움직인다. 공부에 진짜 집중하고 있을 때는 자신이 무엇을 하고 있는지 의식하지 못한 상태에서 공부 그 자체에 빠져든다. 현재 하고 있는 일들과 연관이 없는 비본질적이고 쓸모없는 생각이나 긴장들이 생겨 나지 않는 것이다. 그녀는 상사를 의식했고 자기를 질책했으며 자폐적인 예측이나 생각이 많았기 때문에 행동이 자연스럽지 못했던 것이다. 나는 감탄사를 연발하고 놀라면서 그녀의 성과를 치하했고 그녀 안에 그녀가 수확해 온 것들이 뿌리를 내릴 수 있도록 도왔다.

내가 상처를 건드렸다고 말하던 그녀가 이제는 스스로 문제를 꺼내면서 이전 시간에 시체처럼 느껴졌던 어머니에게 독이 있는 것 같다고, 그 독을 제거해야 할 것 같다고 말했다. 우리는 남은 작업을 진행하기로 합의했다. 그녀는 어머니에 대해 자발적으로 말했고 스스럼없이 어린 시절의 자기에 대해, 어머니에 대해 떠오르는 장면들을 이야기했다. 그녀는 이성적으로는 어머니를 이해하고 있었지만 마음속으로는 어머니를 원망하고 있었다. 마음 한쪽에서는 같은 여자로서 연민을 느끼고 어머니를 이해하려 노력하고 있었다. 그러나 다른 한 쪽에서는 "미안해. 다 알고 있었어. 같이 있어 주지 못해서 미안해."라는 말을 듣고 싶어 했다. 그녀는 웃어 주지 않아도 같이 있어 주는 어머니가 필요했다.

어린 시절 장면으로 다시 돌아갔을 때 그녀는 또 한 번 다른 아이들과 자신이 다르다고 느꼈다. 가장 먼저 떠오른 장면은 혼자 노는 장면이었다. 다른 아이들에게는 엄마나 다른 누군가가 있는데 그녀에게는 지켜 줄 사람이 없었다. 불 꺼진 방에서 그 아이는 그냥 멍하게 앉아 있거나 혼자 동화 테이프를 듣거나 피아노를 쳤다. 어머니에게 가도 방에 들어가서 놀라는 말을 들을 뿐이었다. 그때 그녀는 이유 없이 다리가 아팠다. 그럴 때 어머니는 성장통이라며 다리를 주물러 주었었다. 어머니는 그녀가 학교에 다녀오면 안아 주고, 아침에 깨워 주었으며, 다리가 아프면 주물러 주곤 했다. 그녀에게는 함께하던 어머니가 존재하고 있었다. 그러나 그 어머니는 순간순간에만, 다리가 아플 때에만 존재했다. 다리 아픈 아이는 정말 성장통에 시달린 것일까? 아니면 아픈 다리를 만져 주는 어머니의 손길이 필요했던 것일까? 그녀는 혼자 있는 장면에 익숙했지만 외로움에 익숙해지지는 못했다. 외로움에 익숙해질 수 있는 사람은 없다. 모든 영장류와 마찬가지로 가족과 친구, 무리 안에 어울려 살게 운명 지어진 인간은 관계 안에 존재한다. 관계가 없으면 인간은 생존하고 성장할 수 없다. 그러므로 익숙한 장면은 그녀에게 결코 익숙했던 적이 없으며 언제나 낯설었을 것이다. 그것은 거부하고 싶은 무엇이었다. 그리고 마침내 이전 시간에는 찾아내지 못했던 혹은 알고 있었지만 말하지 못했던, 어머니가 옆에 있어 주었던 장면을 떠올릴 수 있었다. 생일날 선물과 축하를 받고 기뻐했듯이 그녀 안에 있던 사랑을 발견할 수 있었던 것이다.

하지만 그녀 옆에 있던 어머니가 떠오를수록 그녀는 더 서운하고 화가 났다. 기억을 떠올릴수록 서운함은 더욱 또렷했고 아득해졌다. 그녀는 아픈 다리를 주물러 주던 어머니를 찾았지만 그 어머니의 사랑은 조금 부족했던 것이다. 그리고 우리가 이전 시간에 마무리짓지 못한 이미지로 다시 돌아왔을 때 그 아이는 여전히 혼자였다.

나는 그녀에게 어떻게 하고 싶은지를 물었고 그녀는 이전보다 훨씬 자연스럽게 떨리는 목소리로 그러나 회피하지 않으면서 안아 주고 놀아 주고 싶다고 말했다. 그리고 그녀는 어머니에게 말을 걸고 싶어 했다. 나는 앞에 어머니가 있다고 상상하게 한 후에 그녀의 목소리가 어머니에게 가까이 갈 수 있는 자리를 마련해 주었다. 그녀는 말했다.

"엄마, 왜 어릴 때 나를 떼어놓고 갔어? 친구가 나를 괴롭혔는데 왜 흘려듣고 무시했어? 왜 혼자 내버려뒀어?"

그리고 그녀는 눈물을 쏟았다. 나는 물었다.

"지금 눈물의 느낌이 어떤가요?"
"슬퍼요. (침묵) 그냥 안아 주었으면……. 그냥 몰라줘서
미안하다는 말을 듣고 싶어요. '어릴 때 유서도 써 봤는데,
얼마나 죽고 싶었는데.'"

그 울음은 길고 서러웠다. 나는 휴지를 주지 않았고 그녀의
울음이 잦아들 즈음 다시 물었다.

"죽고 싶을 정도로 힘들었고 엄마가 미웠지만 그래도 엄
마는 엄마고, 엄마가 미안하다, 그냥 안아 주는 것만으로
족하군요. 그래요. ……그럼 엄마는 어떤가요? 뭐라고 대답
하나요?"
"안 해요……. 힘이 없으니까……."

그녀의 목소리는 아니 어머니의 목소리는 여전히 창백했고
여렸다.

"근데 미안하다고는…… 할 것 같아요."
"미안하다고 할 수는 있겠군요. 그럼 엄마가 돼서 말해
볼까요?"

"잘 커 줘서 고마워. 그리고…… 지켜 주지 못해 미안
해……."

"고마워하고 미안해하네요. 그런 엄마 모습이 어떻게 보
이지요?"

"약한 모습이에요. 미안하다고 하지만……. 조금만 참아.
공부해서 함께 잘 살도록 도와줄게. 미안해하지 않았으면
좋겠어."

그녀는 미안해하는 어머니를 받아들였고 이제는 그녀가 미
안해하고 있었다. 그녀가 할 수 없었고 어머니가 하지 못했던 화
해는 그렇게 맥없고 단순한 것이었다. 그렇지 아니한가? 나도,
당신도 정작 중요한 사람에게는 해야 될 순간에 미안하다는 말
한마디가 그렇게 어렵지 않았던가? 나는 다시 물었다.

"이전에 시체 같던 엄마는 지금 어떤 모습인가요?"

"그런 면만 보여서……. 다른 사람에게는 음식 떠다 주
고, 정도 많고 그런데……."

"당신에게는 기운 없고 약하고 때로는 차가운 면들만 보
였던 거군요. 실제로는 속정이 깊은 분이었네요."

그녀는 자신이 보고 느낀 것과 다른 어머니의 따뜻한 모습을
알고 있었다.

"음식을 갖고 와서 '밥 먹었니?' 하면 나는 '안 먹어! 안 먹어!' 했어요."

"엄마는 음식으로 말한 거네요. 미안하다고……. 당신은 괜히 놀아 주거나 함께 있어 주지 못한 엄마한테 아니면 그냥 엄마니까 투정을 부리고 싶었고요. 이전에 말했지요? 다리가 아프다고 하면 다리를 주물러 주고 안아 주던 엄마가 있었다고."

"맞아요, 그런 엄마가 있었어요. 알아요. 그 사랑이 좋았지만…… 충분하지는…… 않았던 것 같아요.

"그래요. 그 사랑이 있었지만 충분하지 않았군요. 아쉽겠네요."

"아쉬워요……. 그 말이 맞네요."

"그럼 그 아이도 아쉬울 텐데 그 사랑을 충분히 받지 못한 어린아이는 지금 어떤가요?"

"심심해해요. '놀아 줄까?'"

그녀는 스스로 어린아이와 놀아 주고 싶어 하였다.

"그럼 이제는 함께 놀아 줄 수 있나요? 눈을 감아 봐요."

"아이가 즐거워할 것 같아요. 지금 놀아 주고 싶어요……. 근데 놀다가 '엄마한테 갈래.' 하네요. '그럼 내가 엄마 해 줄게.' ……아이가 괜찮아 하는데 썩 만족스러워하지는 않은 것 같아요. 하지만 제가 한 말로 대신 위안을 삼아요."

그러나 나는 그녀와는 반대로 말했다.

"엄마를 대신할 수 있는 것이 없네요. 내가 대신한다고 해도 말이죠. 잃어버렸고, 원했는데 갖지 못했군요."

나는 침묵했고 그녀도 오랫동안 가만히 있었다.

"아쉽고 후회가 돼요. 하지만 이제부터 가지면 되니까⋯⋯."

그 목소리는 안타까웠고 아득했지만 현재와 미래에 대해 말하고 있었고 잃어버린 어머니의 목소리를 담고 있는 것 같았다. 이 회기에서 그녀는 듣고 싶었으나 듣지 못한 말을 듣기를 원했으며 채우지 못했던 무엇을 채우려고 했다. 그리고 잃어버린 무엇을 누가 어떻게 채우고 만들어 가야 할지 조금은 알 수 있었다. 그것은 현재의 관계들이 자신이 채워야 할 몫이었다. 그러나 정말 아쉬운 것은 대신할 수 없다. 무엇이 잃어버린 것을 대신할 수 있겠는가? 학원, 근사한 옷, 액세서리, 장난감, 게임기? 그런 것들에는 숨결이 없다. 그녀는 그 아쉬움을 받아들여야 했다.

정말 화해는 단순한 법이다. 미안하다, 고맙다, 사랑한다는 말, 함께 손을 잡고 가만히 서 있는 순간과 마음과 마음, 감정과 감정, 소망과 소망을 담은 몸과 몸이 만나는 순간에 나와 너는 변한다. 시체 같은 어머니가 변하고, 다리 아픈 어린아이가 변하듯이 말이다. 세상에는 정말 버릴 수 없는 것들이 있다. 어린 시절 나도 한 때 엄마가 그리웠다. 그녀처럼 나에게도 바쁜 엄마를 대신해서 할머니가 옆에 있었다. 그래서 당분간은 엄마가 그립지 않았는데 할머니가 돌아가시는 순간 할머니의 죽음을 증거하는 딱딱한 육체가 두려웠고 나중에 교육 분석 이후에야 알게 된 사실이다 죽은 할머니와 산 엄마가 원망스러웠다. 죽음 앞에서 움츠러드는 나 자신이 미웠고 화가 났으며 그래서 다시 산 육신의 할머니와 엄마가 그리워졌다. 엄마는 항상 서서 일했고 다리가 아팠다. 서 있는 엄마는 저것이 글자나 읽고 공부나 할지, 제대로 살 수 있을지 근심스러워했다. 그 이후에도 나의 엄마는 또 하루 종일 서서 일했다. 그 다리는 얼마나 아팠을까?

　　무청 같은 엄마 다리, 허리 굽은 우리 엄마, 열무 삼십 단을 이고 시장에 간 우리 엄마 (중략) 찬밥처럼 방에 담겨 아무리 천천히 숙제를 해도 엄마 안 오시네. 배춧잎 같은 발소리 타박타박 안 들리네 기형도, 1991.

　　엄마. 우리 엄마. 여섯 번째 회기였다.

일곱 번째 시간: 이별을 어떻게 받아들일까

그녀가 한 달 만에 왔다. 나는 왠지 편안했고, 그녀 역시 그렇게 보였다. 그녀는 무척 바빴는데, 그 이유는 직장에서 상사가 그녀를 놓아 주지 않고 있기 때문이었다. 그녀는 그만두겠다고 계속 있기가 어렵다고 말했지만, 상사는 일이 한참 바쁜 때인데다가 그 일에 맞는 사람을 구하기가 어려우니 미안하다며 조금만 참고 있어 달라고 했다. 그녀는 잠시 직장을 그만두는 것을 연기했다. 자기주장은 나아졌고, 이제는 상사가 한 걸음 물러났다. 그녀에게는 외근 업무가 자주 있었다. 간혹 먼 길을 돌아 은행 업무를 보아야 할 경우, 그녀는 상사가 외출을 할 일이 있을 때에는 걷기에는 너무 멀어 그러니 가는 김에 해 달라고 은행 업무 같은 간단한 부탁을 할 수 있었고 상사는 그 부탁을 흔쾌히 들어주었다. 혹시 제때 일을 못하는 경우가 생기면 이유를 들어 조금만 기다려 달라고 말할 수 있었고, 상사는 놀랍게도 그녀의 상황을 이해해 주었다. 그녀는 '이렇게 해도 되는구나.' 라는 것을 깨달았고 눈치 보이는 점에 대해 물어도 별로 불편하지 않다고 했다. 다만 상사가 필요한 것이 있으면 말하라고 갑자기 호의적으로 대해서 오히려 그것이 눈치가 보인다고 했다. 상사가 기분이 좋지 않은 것 같으면 잠깐 피해 있을 수 있었고, 다른 직원에게도 이건 내 일이 아닌데 하면서 지나친 부담이나 요청을 적당히 거절할 수 있었다.

　그녀는 조금 찝찝하기는 했는데 말하는 요령도 필요한 것 같다고 웃으면서 말했다. 관계가 역전된 것이었다. 그녀는 관계를 손상시키지 않으면서 자기주장을 할 수 있었고, 이제는 어떻게 말을 해야 할지 현실적 요령과 기술에 대해 고민하기 시작했다. 상사가 정말 신경질적이고 권위적인 사람이라면 그녀가 지나친 주장을 하거나 부탁을 했을 때 건방지다며 그녀를 핍박했을 것이다. 그러나 그녀가 변했을 때 상사 역시 변했으므로 그는 그런 사람이 아니었다. 그 둘은 서로 자기 안의 두려움을 투사하며 눈치를 보고, 그런 감정을 무의식적이고 자동적으로 받아들여 권위로 혹은 짜증으로 반응하는, 투사와 투사적 동일시, 얽히고 얽힌 감정의 그물망 속에 갇혀 있었던 것이다. 그리고 그녀가 변했을 때 상사 역시 자기도 알지 못하던 감정의 그물을 벗어날 수 있었다. 사람들 사이에서는 서로 감정과 소망, 욕구를 던지고 이를 받아들여 다시 던지는 네트 안의 게임이 벌어진다. 관계는 게임과 같다.

　이번에 그녀는 자기에 대한 이야기가 아니라 어떤 아이에 대한 이야기를 꺼냈다. 그녀는 잠시 선배 언니의 아이를 돌봐 주면서 아이와 함께 게임을 하고 있었다. 그 와중에 게임에 졌다고 갑자기 물건을 던지고 떼를 부리는 아이를 나무랐다. 그런데 그때 하필 아이의 아버지가 초인종을 눌렀고내가 그녀의 방문에 습격당했을 때처럼! 그녀도 당황하지 않았겠는가?, 아이는 울면서 아버지에게 매달렸다. 그녀는 아이의 잘못된 행동을 설명하려고 애썼지만 아이의 아버지는 "아, 예!"라고 할 뿐 언짢은 표정이었으며 더 이상 어떤 말도 눈길도 섞지 않았다. 그녀 역시 기분이 찝찝했다. 그녀는 집에 돌아와 아버지에게 적당한 자기 변명을 섞어 그 이야기를 늘어놓았다. 아버지는 아이나 부모가 잘못한 것이기는 하지만 부모이기 때문에 속상할 거라고 말했다. 그녀가 나에게 열던 태도는 그녀가 아버지에게 보였던 태도와 다르지 않았다. 그녀는 잘못된 행동은 가르치고 혼내야 되지 않느냐고 마치 교육자처럼, 훈육자처럼 말했다. 물론 그 말은 맞는 말이다. 그러나 나는 가만히 있었다. 여기서 아이의 아버지와 그녀의 아버지가 헷갈리지 않는가? 아이 역시 아버지에게 달려가 고자질을 했고, 그녀 역시 자기 아버지에게 고자질을 했다. 아이에게도, 그녀에게도 응원군이 필요했던 것이다. 그리고 그녀는 아버지에게 그러했듯이 나에게도 자기가 잘못한 것이 없다며 응원을 청하고 있었다.

그런데 잘못이라니? 옳고 그름이, 누가 잘못한 것이 무슨 의미가 있단 말인가? 내가 반응을 보이지 않고 가만히 있자 그녀도 민망했는지 잠깐 침묵했다. 그리고 잠시 후 지금까지 응원을 구하던 어린아이에서 어른으로 이동하여 자신이 보호자가 되어야 했던 기억을 떠올렸다. 그녀가 초등학생 때 동생이 태어났고, 그녀는 동생의 보호자가 되기도 했다. 그녀는 바쁜 어머니 대신 학원으로, 어린이집으로 동생을 데리러 다녀야 했다. 그런 일을 맡긴 부모가 원망스러웠고 짜증이 났다. 나는 그때 그녀가 잠시 맡았던 아이가 그러했던 것처럼 동생이 울거나 야단을 맞았다면 어땠을 것 같

으냐고 물었고, 동생이 귀찮기는 했지만 그래도 귀엽고 예뻤는
데그녀는 동생을 엄마처럼 그리고 언니답게 예뻐하였다 기분이 나쁠 것 같다고
말했다. 나는 말했다.

"그 아이에게는 믿을 수 있는 부모가 있었네요. 당신의
동생에게도 부모 같은 언니가 있었고요."

그녀는 잠시 씁쓸한 표정을 지었지만 곧 스스로 말했다.

"애가 울어서 속상했겠지요. 나도 그 애 아빠를 보자마자
당황하고 미안해서…… 그 아빠가 다혈질이기도 하고."

그녀는 아이의 아버지를 보자 당황했고, 미안해서 혹은 싸움
이 될 까봐 변명을 했던 것이다. 명민한 그녀는 금방 그것을 알
아차렸다. 나는 그제야 다시 말했다.

"아빠를 보고 운 아이의 마음과 당신이 아빠에게 이야기
한 마음이 다르지 않았네요."

그녀는 방금 전까지 나에게도, 아버지에게도, 자신에게도 그
미안함과 당혹감을 숨긴 채 정당성만을 주장하고 있었지만, 이
제는 금방 그 당시의 감정을 자각하고 인정할 수 있었다. 그녀는

이어서 말했다.

"그 아이가 부럽네요. 나보다 나아요. 내가 아빠한테 엄하기만 했지 사랑을 주면서 해야지 말했을 때 아빠는 아무 말이 없이 가만히 있었어요."

"당신이 아이에게 교육자처럼 그랬듯이요?"

"비슷하네요. 내가 한 행동이랑. 당황스러웠는데 아빠도 그랬을까요?"

나는 알 길이 없었다. 하지만 그녀가 아이를 야단치며 속으로는 마음이 아팠듯이, 아마 아빠도 미안해하면서 미안하다는 말을 못하고 침묵하거나 허세를 부렸을지 모른다. 그리고 그녀도 그것을 알았을 것이다.

"아빠는 동생에게는 자상하고 나에게는 엄했는데, '왜 동생만 예뻐하지?' 그런 적도 많고. 엄마와 아빠에게는 동생만 보이고 나는 보이지 않았던 것 같아요. 책임감이 컸고 그래서인지 아빠처럼 엄하게 하고, 간섭하고 야단치고, 동생이 나를 무서워한 적도 있어요. 근데 동생이 어떨지 아니까…… 그러지 못했어요. 나랑 똑같으면 안 되니까……."

그녀는 사랑하고 아끼던 동생을 질투했었음을 처음으로 고

둘, 책에 길을 묻다　**183**

백했다. 그러나 그 안에는 그보다 더 큰 사랑이 자기가 입은 상처를 책임 전가하고 전승하는 오류를 극복한 훌륭한 과거가 있었다. 그 목소리는 떨리지 않았고 담백했다. 나는 다시 말했다.

"동생이 행운아네요. 부모님이 그리고 언니가 있어서."

누구에게나 힘든 역사가 있는 법이고 그럴 때 사람들은 타인을 질투하고 책임을 전가하려 한다. 그러나 그녀는 자신이 받지 못한 사랑을 다른 누군가에 대한 책임감 있는 사랑으로 승화할 수 있었다. 그리고 거기에는 사랑받지 못한 어린아이와 양육자로서의 두 자아가 있었다. 그녀는 다시 고백했다. 얼마 전 놀러 갔을 때 야외에서 엄마와 아빠가 함께 음식을 만들었다고, 그런데 둘이 티격태격하면서 오순도순 잘하더라고. 내가 걱정할 만한 것은 아니더라고. '그 사이에 내가 없었는데 티격태격하면서 더불어 살아가는 거구나.' 하는 생각이 들더라고. 그녀는 서운했지만 안심이 되었다. 이전에 그녀는 부모의 한가운데 끼어 있어야 했고 과도한 책임과 걱정에 시달렸었다. 그것이 정말 어머니를 보호하기 위한 것인지 아니면 그녀가 받지 못한 사랑을 얻기 위한 것인지 모호했지만 어쨌든 이제는 중간자 역할을 놓을 때가 되었다. 그녀는 말했다. 남자친구와의 관계도 만일 남자친구가 먼저 유학을 가면 기다릴 수도 있겠지만 모르겠다고, 반반이라고.

그녀는 이제 적당히 사람들과 어울릴 수 있었고 주변 분위기를 보면서 적당히 자기주장을 하거나 부탁할 수 있었다. 내게 그랬던 것처럼 적당히 자신의 감정을 감추고 변명하며 자기를 보호할 수 있었다. 하지만 비교적 자신에게는 정직했다. 부모의 관계도 끼어들지 않고 내버려 둘 수 있었으며, 남자친구와의 관계에서도 다른 연인들처럼 사랑과 이별의 슬픔을 받아들일 수 있었다. 무엇보다 이제 이 모든 것들을 금방, 하나를 주면 "아하!" 하면서 열을 깨달을 수 있게 되었다. 이제 그녀는 나와 별 다를 바가 없었고 다른 사람과도 다를 바가 없다. 요령이 필요하다면 스스로 터득해 나갈 수 있을 것이다.

나는 그만 그녀를 놓아주어도 될 것 같았고 상담을 종결하는 것이 어떻겠냐고 말했다. 남은 숙제가 있겠지만 그녀 스스로 해 나갈 수 있을 것 같았다. 두 발을 딛고 걸음마를 시작한 아이는 스스로 걸어야 하고 마땅히 스스로 걸으려고 한다. 내가 그 재미와 고통마저 빼앗아서야 되겠는가? 그녀는 잠시 당황스러워했지만 기꺼이 결별을 받아들였다. 남은 숙제가 있다면 메일로 묻거나 다시 추후 상담을 하기로 했다. 내가 필요하다면 그녀는 기꺼이 다시 나를 찾을 것이다. 일곱 번째 회기가 끝났다.

남은 과제: 숙제가 있어요

상담 초기에 나는 적어도 열 번은 예정을 하였는데 우리는 일곱 번을 만났다. 심리치료의 기준에서 볼 때 보통 10회기의 상담은 단기 치료에 속한다. 그러므로 일곱 번의 회기는 짧은 시간이다. 나 역시 일 년 혹은 몇 년을 함께 가는 내담자들이 있다. 그 기간은 내담자의 증상이나 문제의 심각도, 발달 단계, 환경적 여건 등에 따라 다르다. 그러나 가장 중요한 것은 내담자의 자원과 장점 그리고 의지에 달려 있으며, 거기에 따라 변화의 속도도 달라진다. 그녀는 눈 속에 혼자 있었지만 불꽃이 있었고 나는 그 불꽃에 심지를 피우면 되었던 것이다. 나중에 그녀가 보낸 메일에서 눈 속의 어린 꽃은 이제 발이 생겨 발발 돌아다니고 있는 것 같다고 말했다. 잠재력이 자리를 잡으려면 또 다른 경험과 시간이 필요하겠지만 그건 누구나 맞닥뜨리는 삶의 경험이 아닌가? 그녀가 다시 좌절하더라도 그것은 그녀가 감당해야 할 인생의 몫이고, 그 자신의 즐거움과 고통의 힘으로 일어날 수 있지 않을까?

이제 나는 회기를 마치면서 처음 치료를 시작할 때 자신이 어떤 것 같았냐고 물었다. 그녀는 자기를 구석에 몰린 생쥐와 같았다고 비유했다. 그럼 지금은? "슈퍼 쥐? 물 수도 있는?" 그녀는 웃으며 말했다. 상사를 두려워하고 사람들의 시선을 두려워하던 그녀에게는 내가 어떻게 보였을까? 그녀에게는 나 역시 그녀를 몰아세우고 닦달을 할 것 같은 두려운 대상이었다. 내가 두려운 존재라고? 계속 그렇다면 억울한 일이었다. 그럼 지금은? 이제 나는 그녀에게 교수이자 치료자로 그러나 조금은 친근한 사람으로 보이고 있었다. 후에 보낸 메일에서 치료를 받지 못하는 주에는 그녀는 "똑똑, 들어가도 될까요?" 하며 중간 중간 안부를 묻고 한탄을 하거나 자랑하는 메일을 보냈다. 그 두드림은 이제 막 조심스럽게 누군가의 문을 두드리기 시작하는 그러나 친근감을 보이는 아이와 같아 처연했고 귀여웠다. 그녀는 내가 아버지 같았다고 자각 섞인 고백을 했다. 그녀에게 그 아버지는 눈을 마주치지 못할 만큼 두려운 대상이기도 했지만, 응석을 부리고 자랑을 하거나 잘했다는 칭찬을 받고 싶은 누구이기도 하였을 것이다. 나는 메일에 그녀를 격려하거나 응석을 받아 주는 응답을 하곤 했는데, 그녀는 나를 아버지로 대하였고 나는 아버지의 입장에서 그녀를 대한 것일까? 그렇다면 아마도 이제 나는 그 딸을 장성해 떠나보내려 하고 있는 것인지도 몰랐다.

그녀에게 가장 도움이 되었던 것이 무엇인지 묻자 그녀는 두 가지를 들었다. 그중 한 가지는 도망가고 회피하고 싶었던 상처에 직면했던 경험이라고 말했다. 그때는 죽을 만큼 힘들었지만 오기가 생겨 뭔가 보여 주고 싶었다고 했다. 두 번째는 어린 자아, 어린 시절의 자기를 만난 것이었다. 직면과 수용은 한 몸이며 그 상처에 머물러 있지 않으려면, 변화하고 성장하려면 상처의 근원을 통과해야 한다. 오르페우스가 지옥으로 내려가지 못했다면 아내 에우리디케를 데려올 수 없었을 것처럼, 죽음의 물을 통과하지 못하면 재생은 없는 것이다.

그녀는 아직도 책에 의지한다. 그녀는 메일에서 "나는 혼자였고, 책을 통해 대신 위로를 받고 힘을 얻었을지도 모르겠다."

라고 말했다. 그동안 "혼자라는 것에 익숙했었는데 사람들 앞에 인위적으로 자기를 노출시키고 먼저 손을 내밀어 다가가야 하는지? 낯설고 그 방법을 잘 모르겠다. 그게 숙제 같다."라고 말했다. 그러면서 "그 열쇠를 내가 쥐고 있으므로 길을 따라가 보겠지만, 책에 너무 길을 묻지 말라는 의미가 이런 것이었나요?"라고 물었다. 낸들 알겠는가? 치료를 시작했을 때나 지금이나 나는 책은 씹고 씹은 다음 버려야 한다는 것, 생은 현재 진행형이며 사는 것이지 보는 것이 아니라는 것만을 알 뿐이다.

나는 그녀의 질문에 명료하게 대답하지 못했다. 그리고 그녀는 질문을 하면서도 스스로 내가 해야 할 대답을 차단했으므로 그 질문은 대답이 불필요한 질문이었다. 그녀가 말했듯이 이제는 그녀가 방향키를 잡고 있는 것이다. 나는 과거 지독한 내향주의자에다 염세주의자였고 그 정의를 잘 모르겠지만 당시의 주변 사람들은 나를 그렇게 보았다, 사회공포증 환자였다. 나를 이끌고 지도해 주었던 선배 임상가는 나중에 내가 얼마나 힘든 내담자였고 피교육자였는지를 고백했다. 나는 충격을 받았고 동시에 미안했다. 내가 그 정도까지였단 말인가? 하지만 반은 그 교육과 치료의 도움으로, 반은 그 이후 나에게 주어진 선택과 책임의 힘으로 나는 여기까지 왔다. 그녀도 그러할 것이다. 그분들이 내가 치료자 노릇을 하고 있다는 것을 알면 얼마나 기뻐하고 가소로운 웃음을 짓겠는가?

셋,
빈집

잘 있거라, 짧았던 밤들아
창밖을 떠돌던 겨울 안개들아
아무것도 모르던 촛불들아, 잘 있거라
공포를 기다리던 흰 종이들아

– 기형도, 「빈집」 –

아버지는 흙 속에서 천천히 걸어 나오셨다. 봐라.
나는 이렇게 쉽게 뽑혀지는구나.
그러나, 아버지, 더 좋은 땅에 당신을 옮겨 심으시려고

– 기형도, 「위험한 가계」 –

이별에 대처하는 우리의 자세

최근 몇 달 사이 치료적 만남을 갖다 보면 종국에는 자신이 겪었거나 겪고 있는 죽음, 정확히는 그 죽음과 죽은 자에 대한 분노와 불안, 사랑과 증오, 죄책감, 수치심 같은 것들에 자주 마주치곤 했다. 내담자들과 이야기의 골짜기를 빙빙 돌다보면 치료는 언제나 매 회기마다 사람 사는 얕고 깊은 길목과 골짜기를 돌아 자신이 가장 깊이 떨어졌던 그러나 가 장 피하고 싶었던 협곡으로 되돌아온다, 마지막에는 대개 죽음의 상처에 도달했다. 사람들은 마치 죽음과 죽은 자에 대해 이야기하기 위해 과거와 현재의 고통을 거쳐 오는 듯했다. 그 고통이 경제적 궁핍함이거나, 실패와 좌절이거나, 집착이거나, 갈등이거나, 폭력이거나에 상관없이 마지막은 대개 소중했던, 자신이 먼저 떠나보냈던 혹은 자신을 먼저 떠난 사람과의 이별에 대한 고백이었다.

인간은 누구나 이별을 겪는다. 이별은 무엇인가를 혹은 누군가를 잃어버린다는 점에서 상실이며, 상실이야말로 피할 수 없는 생의 진실이다. 우리는 매일매일 상실을 경험한다. 지금 살아 있는 자와 헤어지면서 상실을 경험하고, 우리 자신의 육체를 보면서 상실을 경험한다. 우리는 아직 이루지 못한 성취를 보면서 조급해하고, 헤어진 연인을 기억하면서 아쉬워한다. 잃어버린 시간을 돌이킬 수 없으며, 얼마 남지 않았음을 알기 때문이다. 어느 날 더 이상 젊지 않은 육체를, 두꺼워진 뱃살과 관절의 통중을 경험하면서, 잘 낫지 않는 상처를 들여다보면서, 노안을 경험하면서, 자고 일어나 푸석푸석해진 피부를 보면서, TV 안에 활기가 넘치는, 짝짓기의 열망으로 가득 찬 젊은 몸들을 보면서, 그런 젊은이의 육체를 질투하면서, 문득 한 뼘씩 키가 크고 자라나 있는 파릇한 아이들을 보면서 깨닫는다. 우리에게 주어진 시간이 사그러지고 있으며 삶이 영생하는 것이 아님을 안다.

오십을 향해 가는 한 여성이 동료들, 정확히는 남자친구들에게 이끌려 상담을 찾아왔다. 동료들은 가끔씩 그녀가 축 처져 있고 멍하거나 기운이 없어 보인다고 했다. 그러나 그녀는 별로 불편한 것들이 없다고, 남자친구들이말 그대로 남자친구들이며, 그녀와 함께 온 멋진 정장을 입은 남성 역시 그중의 하나일 뿐이지 애인은 아니라고 그녀는 강조했다가 보자고 해서 심심풀이로 왔을 뿐이라고 말했다.

그 여성은 외모나 몸에는 그리 신경을 쓰지 않는 나와는 달리, 부럽게도 오십의 나이에 어울리지 않는 미모와 몸매의 소유자였고 다이어트와 골프, 헬스에 열심이었다. 그녀는 멋쟁이였다. 화사한 화장에 멋진 옷차림, 거기에 걸맞은 에스 라인이 확실한 굴곡진 몸매 그리고 검은 머리에 짙은 선글라스를 끼고 있었다. 남편과 사별했지만 재력도 있었고, 주변에는 그녀를 쫓아다니거나 어울리고 싶어 하는 남자들이 많았다. 그녀는 밝고 쾌활했고, 친구들과 재미있는 일상을 보내고 있으며, 스스로도 남자들에게 인기가 많다고, 젊을 때부터 그랬다고 말했다. 그러니까 나는 도대체 그녀나 주변 사람 말을 통해서는 그녀가 온 이유를 알 수 없었다. 나는 답답했고 황당했으며, 잠시 불쾌해지기까지 했다. 그를 데리고 온 여러 남자친구 중의 하나는 그녀가 우울해 보인다고 했는데, 그녀는 생글거리면서 아무 문제가 없다고 말하고 있는 것이다. 거기에다 내 앞에 앉아 있는 그녀는 나이에 걸맞지 않게 쾌활하고 싱싱하기까지 하다. 전문가랍시고 상담을 하러 와서 아무 문제가 없다니_{물론 그렇게 문제를 부인하는 경우가 흔하기는 하지만} 나를 놀리거나 시험하는 건가? 아니면 둘 중 한 명이 거짓말을 하고 있거나 틀렸다는 말인가? 나보고 얼굴을 딱 한 번 보고, 생년월일 한 번 묻고, 상담을 하러 온 고민과 이유를 알아내는 점쟁이가 되라는 말인가?

하지만 나는 그녀가 밝고 쾌활하다는 점이 마음에 걸렸고 왠지 불편했다. 그녀의 쾌활함은 그녀 자신에게는 오랫동안 익숙한 것으로 보이기도 했지만, 마치 성형 수술한 얼굴을 볼 때의 부자연스러움처럼 자연스럽지 않았고 지나치게 과장된 듯한 느낌이 들었다. 마치 그녀는 무엇인가를 인식하기를 거부하거나 숨기기 위해 억지로 쾌활한 척 웃고 있는 것 같았다. 주변 사람들은 나에게 그녀가 우울한 이유를 밝혀 주기를 바라는 것 같았고, 그녀 역시도 자신이 보지 않으려는 진실을 다른 누군가가 밝혀 주기를 바라는 것 같기도 했다. 나는 점성술사나 점쟁이가 되어야 했다._{하긴 이런 것 때문에 많은 사람들이 점집에 돈을 낭비하고 일시적인 안심을 얻는다. 그런 점에서는 점을 보는 것도 분명한 가치가 있지만 점쟁이가 심리학자나 심리치료사들보다 돈을 더 잘 번다는 사실은 상당히 아쉽다. 대학 시절 우리나라 상황에서 돈을}

그러다 화장한 얼굴 위로 붉은 홍조가 스쳐 지나가는 것을 보았고, 나는 짐작 반, 직감 반으로 혹시 폐경이 오지 않았는지 물었다. 그녀는 갑자기 말을 끊고 당황한 듯 허둥대기 시작했다. 그러다 다른 약속이 있다고, 끝날 시간이 된 것 같다고 황급히 말을 돌렸다. 나는 그녀를 붙잡고 폐경이 언제 왔느냐고 물었다.

그녀에게는 폐경이 오고 있었다. 몇 달 전부터 달거리가 끊겼고, 그녀는 여성 호르몬제를 복용하고 있었다. 나는 그녀에게 폐경을 어떻게 받아들이고 있는지 물어야 했다. 그녀는 망설이다가 여성으로서 입은 자존심의 상실을 표명하였다. 그녀는 "여성으로서의 나의 삶이 끝난 것 같다." "남자들이 나를 더 이상 여자로 봐주지 않을 것 같다."라고 하며 잠시 눈시울을 붉히고 눈물을 보였다. 그 짧은 순간, 눈물 한 방울이 묵묵히 흘러 내렸다.

그녀는 삶의 가치의 많은 부분을 미모에 두고 있었으며, 그 미모는 바로 남성들이 매혹하는 육체였다. 시간이 그녀를 희롱하고 우울하게 만들었던 것이다. 시간은 난폭한 습격자였다. 시간은 갑자기 그녀도 모르는 사이에 육체를 마모시켰고, 그 육체로 인해 남성들에게 받았던 찬사를 떠나가게 만들었다. 오랫동안 그녀의 자랑이었던 육체가 이제는 그녀를 배신할 준비를 하고 있었다. 그녀는 젊은 육체를 잃을 것이고, 그 육체는 머지않아 주름이 잡히고 검버섯이 필 것이며, 추해질 것이다. 그녀는 젊은 육체와 찬미를 상실할 위험에 처해 있었고, 언젠가는 떠나

보내야 했다. 그리고 이제 더 이상 그녀는 남성들에게 관심과 찬사의 대상이 아닐 것이다. 아마도 그녀는 슬펐고 불안했을 것이다. 그러나 그녀는 금세 눈물을 멈추고 다시 쾌활하게 동료들과 주로 남자친구들 골프 약속이 있다고 허둥지둥 말하며 황급히 자리를 떴다.

그녀는 상실을 인정하고 싶어 하지 않았다. 그녀에게는 아직 꺼져 가는 젊음과 아름다움이 남아 있었고, 그녀는 그 육체를 찬사하는 시선들을 더 오래 향유하고 싶었나 보다. 그녀는 곧 닥쳐올 추함의 습격을, 상실을 그리고 육체와의 이별을 받아들일 준비가 되어 있지 않았던 것이다.

죽음, 위로와 애도의 통과의례

그녀가 시간 속에서 육체의 젊음과 아름다움을 잃어버렸듯이, 시간은 우리에게 언젠가는 떠나보내야 할 상실의 숙제를 남긴다. 그러나 시간 속에서 일어나는 가장 큰 상실은 언제나 죽음에 관한 것이다. 누군가의 죽음 그리고 언젠가 다가올 자신의 죽음. 죽음이야말로 가장 위압적이며 받아들이기 힘든 이별이다. 그 앞에서 강해질 수 있는 사람이 과연 있을까? 강해진다는 것은 과연 무엇일까? 죽음 앞에서 그런 것이 존재하기나 할까? 세상의 무수한 종교와 무속들은 이곳에서의 생과 저곳에서의 생이승과 저승을 가르고, 내세와 천국을 가르치며, 언젠가 다른 세상에서 잃어 버린 사람을 다시 만나거나 그들이 우리를 지켜 주며, 그들과 우리가 함께 환생할 것임을 가르친다. 그래서 울 필요가 없다고 설파하거나 울음을 허용하지 않는 가르침들도 있다. 천국으로, 더 좋은 세상으로 가는 것이고 내세에 다시 만날 것인데 그렇다면 과연 울 필요가 무엇이 있단 말인가?

칠십이 넘은 나의 아버지는 어느 날 일생 동안 두터운 친밀감을 가졌던 어느 지인의 장례식에 다녀온 후 이렇게 말했다. "그 양반 좋겠네. 오늘 밤 먼저 간 서방을 만나서……." 아버지는 웃으면서 담담하게 말했고 별로 슬퍼하지 않았다. 아버지가 받아들인 죽음에는 이 생에서 다음 생으로 건너가는 과정이 있을 뿐 엄밀한 의미에서의 소멸, 즉 진정한 죽음은 존재하지 않았다. 아버지에게 죽음은 소멸이 아니라 넘어가는 것이고 다시 만나는 것이어서 그리 슬퍼 보이지 않았다. 나는 생의 단절을 담담히 메꾸고 받아들일 수 있는 아버지의 지혜가 존경스러웠고 다행스러웠다.

그러나 한편으로 나는 의구심을 떨쳐 버리지 못했다. 죽음의 정의란 본디 소멸하는 것이고, 없는 것이며, 다시는 존재하지 않는 것이다. 그러나 왜 인간만은 유독 필멸성을 받아들이지 못하는가? 왜 우리는 딱정벌레나 나방, 거미는 소멸하는 생물학적 존재라고 당연히 받아들이면서 우리 인간만이 생물학적 존재라는 사실을 부정하고 천국에 가거나 환생할 축복받은 존재라고 생각하는가? 과연 우리는 사라지지 않고 다음 세상에서 다시 만나거나 환생하는가? 그곳에서는 영원한 삶이 보장될 것인가?

그러나 우리 모두는 암묵적으로 사실은 그것이 우리 자신이 만들어 낸 위선이고 착오이며, 인간적인 너무나 인간적인 나약함의 소산임을 안다. 그 첫 번째 이유는 죽음을 있는 그대로의 생물학적 사실로 받아들이기에 우리 자신이 너무나도 나약하며, 그에 반해 삶은 확실하기 때문이다. 죽음은 우리의 육체와 정신이 소멸하는 것이고, 사라지는 것이며, 없는 것이다. 죽은 뒤에 우리는 존재하지 않는다. 그것이 죽음의 올바른 정의다. 그러나 그 올곧은 정의는 지금-여기 살아 있고 앞으로도 살아갈 우리의 존재를 부정하게 만든다. 그리고 그 명징한 증거를 그대로 받아들이기에 우리는 너무나도 나약하다. 삶과 죽음이 다른 경계선에 있을진대 어떻게 죽음을 상상할 수 있단 말인가? 산 자들은 삶의 영역에 있고, 죽은 자들은 죽음의 영역에 있다. 두 영역은 중첩되지 않아서 삶은 죽음을 모르고 죽음은 삶을 알지 못한다. 지금 우리 살아 있는 사람들에게 삶은 확실하고 죽음은 다른 세계에 있어 죽음을 알지 못하는데, 우리가 죽을 존재라는 것을 과연 어떻게 직시하고 받아들이란 말인가?

밀란 쿤데라Milan Kundera, 1990는 우리 모두는 자신도 깨닫지 못하는 사이에 시간을 초월하여, 대부분의 시간을 나이 없이 살면서 어떤 이례적인 순간들에만 나이를 인식한다고 간파하였다. 사람들의 머릿속에 있는 정신의 시간은 육체의 시간보다 항상 뒤처져 흘러간다. 십대의 아이들이나 이십대 초반의 젊은이들은 가끔 빨리 나이가 들어 이 생이 빨리 흘러갔으면 좋겠다고 말한다. 그러나 우리가 이십대 중반이 되고 후반이 되면 그때부터 시간이 멈추고 갑자기 뒤로 흐르기 시작한다. 삼십대가 된 사람들은 이십대 같다고 말하며, 사십대가 된 사람들은 아직도 자기가 삼십대나 이십대에 머물러 있는 것 같다고 말한다. 자신의 생물학적 나이를 정직하게 인지하고 일치시킬 수 있는 사람은 의외로 드물다. 정신의 시간은 육체의 시간보다 항상 뒤처져 흐르며, 정신은 그런 초월적 착각 속에 산다. 바로 그때 누군가의 죽음이나 자기의 질병_{질병은 육체의 한계와 유한성, 즉 죽음을 환기시킨다}은 우리가 어떤 시간대에 있는지를 일깨워 주는 가장 이례적인 순간이 된다. 그 이례적 순간에 늙어 가는 육체와 죽음의 명징성을 직면하게 될 때 우리는 두려움에 떨고, 죽음을 부정하고 싶어진다.

두 번째 이유는, 역설적으로 인간의 이성만이 생의 허무를 인지할 수 있고 또한 그 이성만이 허무를 왜곡할 수 있기 때문이다. 우리는 나약하고 겁이 많은 존재이지만 똑똑하고 영리하다. 그러나 그 똑똑함과 영리함은 진실을 왜곡할 만큼 어리석다. 인간이 두려움에 떨 때 이성은 무기력한 인간을 위로하고 싶어 안달이 난다. 아쉽게도 사실을 직시하는 것은 의지의 몫이지 이성의 몫이 아닌 것이다. 다시 말해, 생이 생물학적 진실인 만큼 죽음 역시 생물학적 진실이다. 짐 크레이스_{Jim Crace}는 소설 『그리고 죽음』₁₉₉₉에서 셔윈 스티븐스의 시를 인용하여 "천국도 믿지

▶ Elna Borch의 죽음과 소녀(1912)

뒤에서 낫을 들고 소녀를 데려가는 인물이 죽음의 신 타나토스(thanatos)다. 타나토스
는 밤의 신 닉스와 어둠의 신 에레보스 사이에서 태어났다. 타나토스는 지옥의 신 하
데스의 오른팔로, 인간의 영혼을 거두어 저승으로 데려가는 일을 한다. 프로이트는 인
간에게 자신을 파괴하고 무기물로 돌아가고자 하는 본능이 존재한다고 믿었고, 희랍신
화에서 그 이름을 따와 이러한 죽음의 본능을 타나토스라고 불렀다.

마오. 지옥도 믿지 마오. 당신은 죽은 거요. 그것뿐이오. 안녕히. 잘 가오. 영원이 기다리고 있다고? 물론 그렇겠지. 죽음은 부패이고 거름이고 가차 없이 썩어 가는 거요."라고 말한다. 그는 나아가 "그들은 전혀 특별한 존재가 되지 않을 것이다. 갈매기도 죽는다. 파리도 죽고 게도 죽는다. 바다표범도 죽는다. 별들조차 분해되고 폭발하여 하늘로 올라가 물집을 만든다. 모든 것이 사라지기 위해 태어났다. 우주는 죽음에 대처하는 법을 배웠다."라고 말한다. 인간의 어리석은 이성만이 오로지 그 극명하고 명백한 사실을 외면하며 영원불멸과 환생의 착각, 이승과 천국의 역사를 쌓아 올린 것이다. 그러나 죽음 앞에서는 그토록 우리가 원하고 쌓아 올렸던 우월성이나 존엄성이 모두 지워진다.

인간은 우주의 법칙에서 전혀 예외적 존재가 아니며, 우주는 어떤 존재에게나 공평한 마지막 진실을 되돌려 준다. 죽음은 인간의 동물성과 유한성을 확인시켜 주며 우리를 나무와 꽃, 벌레와 미생물의 먹이로 그리고 재로 환원시킨다. 생은 순식간에 사라지고 다시는 반복되지 않는다. 생은 두 번도 반복되지 않는다. 그렇게 죽음은 실체이며, 견딜 수 없는 상실이고 이별이며, 우리는 타인의 죽음을 거쳐 최종적으로 자신의 죽음을 맞닥뜨리게 된다. 바로 그것 때문에 우리는 현실을 왜곡한다. 인간은 우리 자신이 불멸의 존재인 것처럼, 적어도 불멸의 전능한 존재가 있어 우리를 구원하거나 우리를 다른 세상에 데려다 줄 것처럼 가정하고, 그 착각을 사실로 믿는다. 그렇지 않다면 우리 인간이 우스꽝스럽고 가소로운 존재라는 진실에 당면할 수 없는 것이다. 그래서 쿤데라1990는 불멸과 영생을 우스꽝스럽다고, 덧없는 환상이라고, 깨어진 말이며, 나비채를 들고 뛰는 바람의 숨결과 같다고 조롱하였다. 그러므로 정작 인간으로서 정직하다는 것의 진실은 크레이스나 스티븐스 혹은 쿤데라처럼 우리 앞에 벌어진 최종적 사실을 받아들이고 인정할 용기를 갖는 것이다. 그러나 그것은 평범한 우리 인간에게 얼마나 어렵고 험난한 것인가? 진정한 심리학자였던 니체Nieztsche, 1887만이 그 허무를 직시해서 "인간은 아무 것도 의지하지 않는 것보다 오히려 허무를 의지하려고 한다."라고 갈파하였으며, 그 허무에 숨은 나약한 인간성에 의지해 천국과 지옥의 내세 혹은 내세와 환생의 순환을 완성해 낸 모든 종교적 권력을 거부하였다. 니체만이 "몇 번이라도 좋다. 이 끔찍한 생이여, 다시"라면서 영생을 거부하고 현재의 생을 긍정하였으며, 원효만이 나는 것이 두렵고 죽음이 두려우니 "생과 사를 거듭하지 말라."라고 말할 수 있었다.

그러나 니체도 아니고 원효도 아닌, 아직 살아 있는 우리는 이 생 속에서 단지 위로하고 위로받을 수 있을 뿐이다. 우리는 슬퍼하고, 원통해하며, 울 수 있을 뿐이다. 그 위로와 애도의 통과의례가 없다면 인간은 존재하지 못했을 것이다. 죽은 자에게 하소연을 하고, 살아남은 자가 살아남은 자를 위로하지 않았다면 인간은 지금까지 살아남지 못했을 것이다. 그러므로 우리는 누군가의 죽음을 진정으로 받아들이고 삶과 죽음이 한 몸임을 알아야 하며, 충분히 슬퍼해야 한다. 그래야 아직 남아 있는 끔찍한 생을 두려워하지 않고 기꺼워하면서 조금 더 주어진 시간을 충분히 살아갈 용기를 가질 수 있다.

어린 소녀, 혼자 남다

나는 그녀와의 만남을 한 회기 밖에 갖지 못했다. 그녀는 내과 병동에 입원한 상태였고, 나는 잠시 그 병원을 스쳐 가는 입장이었다. 의뢰를 받았을 때 담당 주치의에 따르면 그녀는 이십대의 젊은 미혼 여성임에도 불구하고 잦은 음주와 폭식, 구토로 식도와 위가 상해 있었으며, 거기에다 두통과 이명, 가슴 통증이 심한 상태였다. 이런 신체적 질환은 회복되고 있었지만, 그 외의 사소한 그러나 내가 보기에는 신체적 질환보다 중요한, 대개는 심리적인 증상들은 회복이 더뎠다. 퇴원 후에도 음주와 폭식이 반복될 위험이 있었으며, 거기에는 심리적 원인이 잠복해 있을 가능성이 농후했기 때문에 주치의는 그녀에게 심리검사를 받아 볼 것을 권했다.

검사 전에 그녀를 면담해 본 결과, 감정 기복과 악몽이 심했으며, 특히 누군가에게 피해를 당할 것 같다거나 괴한이 집에 침입할 것 같다는 무서운 생각과 소리들이 그녀를 괴롭히고 있었다. 잠이 들 때나 잠자는 도중 불현듯이 누가 문을 열고 들어오는 것 같았으며, 삐거덕거리거나 문고리를 뜯는 듯한 소리, 사이렌 소리가 들리곤 했다. 악몽 속에서는 항상 전쟁이 일어나고 있었다. 강도가 들고, 집이 무너져 내리거나 식구 중의 누군가가 사라졌고, 싸움과 전투가 일어났으며, 언니와 아버지가 사고로 죽는 모습들이 떠올랐다. 그러면 가위에 눌리거나 이내 가슴이 아팠고, 맨 정신으로는 견디기가 힘들어 다시 술을 마시곤 했다. 반대로 언니와 아버지가 웃으며 건강한 모습으로 문을 열고 돌아오는 그런 좋은 꿈을 꿀 때면 잠시 기분이 좋아지고는 했다. 그러나 그것도 잠시였을 뿐, 이내 다시 혼자 남겨지는 장면에 빠져들며 외롭고 가슴이 아파졌다.

그녀의 악몽 속에는 그녀가 겪고 있는 아픔들이 그대로 담겨 있었다. 프로이트Freud, 1900는 무의식에 있는 꿈의 실제 내용잠재몽이 의식으로 수용되기에는 너무 위험하기 때문에 의식이 받아들일 수 있을 만큼 꿈의 의미를 검열하여 현재몽으로 편집, 변형시켜 내보낸다고 보았다. 그러나 그녀의 꿈 속에서는 미처 잠재몽을 현재몽으로 변형시킬 여유가 없는 듯이 그녀가 겪는 고통과 두려움들이 날 것 그대로 생생하게 드러나고 있었다아니면 프로이트의 관점이 틀렸을 것이며, 그럴 가능성이 농후하다. 그만큼 그녀의 고통은 극심했고 다급해 보였다. 무엇보다 그녀는 두려워하고 불안해했으며, 그 두려움과 불안이 외부의 침입자라는 형태로 투사되어 나타나고 있었다. 아버지는 뇌혈관 장애로 쓰러져 요양원에 입원해 있는 상태였다. 강인했던 아버지의 육체는 젓가락처럼 말랐고, 뇌신경과 근육은 마비되어 사지를 올바로 쓰지 못하였다. 불행히도 그녀의 언니 역시 아버지가 쓰러지기 일 년 전에 교통사고로 사망한 상태였다. 이런 이야기를 하면서 그녀는 연신 눈물을 흘렸다. 그녀는 자신에게 일어난 일들을 일부 인정하고 극복하고자 하는 듯이 보였지만, 한편으로는 여전히 받아들이지 못하거나 아니면 받아들이고 싶어 하지 않는 것 같았다. 그녀는 눈물을 흘리면서도 이런 이야기를 하고 듣는 것이 싫다고, 아버지와 언니가 예전처럼 건강한 것만 생각난다고 말했다. 예전에 아버지는 성실하고 건강한 소방관이었으며, 언니 역시 쾌활하고 든든한 직장인이었다. 아버지와 언니는 그녀에게 든든한 버팀목이 되어 주었고, 그녀는 그런 화목한 집의 둘째이자 막내로 보호받으며 살아왔다. 그 둘은 실재였고 어느 날 갑자기 사라졌던 것이다.

받아들이기 힘든 재난이나 상실을 갑자기, 그것도 연속으로 경험한 사람들은 대개 상처를 외면하려 들기 마련이다. 누군가의 그늘 밑에서 괴로움이나 좌절을 모르고 살아왔던 사람이라면 더욱 그러할 것이다. 그런 사람들에게는 상실이 더욱더 고통스러우며, 상실을 인정하고 받아들이는 과정 역시 험난할 수밖에 없다. 왜냐하면 두려움과 당혹감에 휩싸여 진실을 받아들이기 어렵기 때문이다. 돌봄을 받던 자기가 누군가를 돌보는 주체가 되어야 하지만 그 과정이 두렵고 막막해서, 자기는 연약하다는 믿음에서 돌봄을 회피하는 사람들도 있다. 그러나 그렇게 되면 사람들은 자기가 돌봐야 할 사람들을 돌보지 못한다는 수치심과 죄책감에 휩싸여 더 큰 혼란감에 빠져들게 된다. 더욱이 자기가 그렇게 나쁜 사람이라는 것을 다른 사람들이 알게 되면 자기를 싫어하거나 밀어낼까 봐 사람들에게 자신에게 닥친 불행을 알리기를 회피하기도 한다.

하지만 이런 경우만 있는 것은 아니다. 누군가가 자기의 불행을 아는 것이 수치스러워 겉으로는 쾌활하게 웃으며 아무렇지 않은 듯이 살아가는 사람들도 있다. 또는 '왜 나한테만 이런 일들이 벌어졌냐!' 며, 그건 내 인생이 아니라고 운명을 탓하며 비탄에 잠기는 사람들도 있다. 이와 달리 오랜 시간을 마치 고통에 익숙해지거나 동화된 듯이 감정과 감각을 마비시키며 포기와 체념, 무기력의 삶을 선택하는 사람들도 있다. 사람들의 반응은 이렇게 실로 다양하다.

그러나 어느 경우든 고통은 피할 수 없고 참아 낼 수 없는 것이다. 고통에 진정으로 익숙해지는 사람은 없다. 그래서 오랫동안 치료나 도움을 찾지 않다가 몇 년이 지나 고통이나 증상 고통은 증상으로 변형되어 뚫고 나온다이 견딜 수 없을 만큼 극심해진 후에야 겨우 치료를 찾는 사람들도 있다. 하지만 그때에도 여전히 많은 내담자들이 아픈 경험과 상처를 털어놓고 다루기를 힘들어한다. 어떤 내담자는 몇 달간의 회기가 지났는데도 여전히 이렇게 말했다. "무서워요. 그게 해결될 수 있을까요?"라고. 고통스러운 현실은 언제나 받아들이기 힘들다. 고통의 진실은 거기에 있다. 고통은 피할 수도 없지만 받아들이기도 어렵다. 그래서 우리는 천국과 내세라는 환각 속에서 위안을 찾아야 하는 것일까?

뜨거운 학습

상실이나 상처를 다룰 때는 언제나 먼저 안전하고 믿을 수 있는 치료적 관계를 형성하고 내담자가 마음의 준비를 갖추도록 하는 것이 가장 중요한 치료의 첩경이다. 사실 매 치료시간마다 이런 과정은 반복되며, 다만 강도의 차이가 있을 뿐이다. 내담자는 매번 두렵고 불안하다. 그러나 바로 그 사실 때문에 내담자는 치료자를 믿고 자신에게 벌어진 일들에 직면하고 재경험할 수 있어야 한다. 머릿속으로 아는 지식만으로는 부족하다. 우리는 몸으로, 전체 존재로 상처를 통과해야 한다. 감정이 차단된 차가운 학습cold learning과 뜨거운 학습hot learning은 다르다. 그것은 우리가 머리로 과거를 떠나보냈다고 해도 몸과 감정은 언제나 우리를 붙잡고 있는 그 순간에 머물러 있기 때문이다.

과거에 성폭행을 당했던 한 여성은 자기 잘못이 아니라는 것을 안다고 말했다. 그래도 그녀의 목은 잠긴 채 꿀럭거리면서 흘러나오려는 분노와 두려움, 수치심을 참아 내느라 바빴다. 목소리는 떨렸으며, 눈이 붉어졌고, 몸은 여전히 "네가 잘못했어! 네 잘못이야, 바보같이!"라고 연신 합창하고 있었다. 그녀의 차가운 머리는 자기 잘못이 아니라는 것을 알았을지 몰라도 몸은 상처를 통과하지 못했던 것이다. 인간이 이성적 존재라고? 그렇지 않다. 그녀의 반쪽 이성이 아무리 자기 잘못이 아니라고 말한다

해도, 몸이 기억에 붙잡혀 있는 이상 다른 반쪽에서는 "네 잘못이야! 너는 용서받을 수 없어!"라는 목소리가 그녀를 지배하고 있다. 몸이, 몸에 새겨진 기억이 이성을 지배하는 것이다.

어린 시절 아버지의 학대에서 살았던 한 남자는 고등학교 이후 "너는 쓰레기야! 밥만 축내고, 어디 가서 죽지도 않냐?"라는 환청을 달고 살았다. 환청 속에는 그를 비웃고 조롱하는 아버지와 세상이, 무기력하게 두려움에 떠는 자신의 모습이 담겨져 있었다. 그는 보육원에 버려졌고 거기서 또다시 자신과 비슷한 운명에 처한 큰 아이들의 구타와 매질에 시달려야 했다. 상처 입은 자는 때로 같은 상처를 입은 자를 멸시하고 증오한다. 버림받은 자는 자기의 운명을 부정하고 싶어 하며 그래서 자기의 얼굴을 보여 주는 자를 더욱 혐오하나 보다. 이후 그는 남자들이 두렵고 세상이 두려워, 자신이 남자라는 것이, 아버지처럼 되는 것이 두렵고 남자 노릇을 할 자신이 없어서 일용직 노동자로 십 년 동안 지방 공사판을 떠돌았다. 그도 자신이 쓰레기가 아니라는 것을 알 수 있었고, 우리 역시 그렇게 말해 주었지만 그 목소리는 줄지 않았다. 그 목소리는 그의 몸에 쓰인 낙인과 같아서 몸이 기억을 풀지 않는 이상, 그는 영원히 환청의 화형에 처해 있을 것이었다. 그러므로 그 환청의 화형을 벗으려면 몸이 상처의 기억을 벗고 새로운 기억을 심을 수 있어야 한다. 진정한 학습은 언제나 몸과 함께 나아가는 것이며, 그것이 바로 뜨거운 학습이다. 이때 뜨거운 학습은 그가 겪고 머물렀던 그 시점의 상처를 다시 통과하면서 그때 함께 붙어 있던 감정과 몸이 함께 길을 가고, 움직이며, 변형되는 학습이다. 그런 후에야 비로소 상처와 화해할 수 있고, 의식과 이성이 안도하며 진정으로 자신에게 일어난 사실을 받아들일 수 있다. 몸이 상처를 통과하지 않으면 상처는 이성에게 나아갈 길을 내주지 않는다. 그때까지 이성은 제대로 작동하지 않는다.

이때 숙련된 치료자라면 누구나 상처에 직면을 시키되 내담자가 현재 받아들일 수 있는 수준 내에서 공감적으로 부드러운 직면을 하게 할 것이다. 그렇지 못하면 내담자가 두려움이나 수치심, 죄책감과 같은 감정에 압도당해 증상이 더욱 심해지거나 치료적인 작업을 거부하려 들 수도 있다. 미안하게도 나 역시 그런 실수를 범한 경우가 꽤 많았다. 자신이 경험하는 압도적인 감정을 치료자에게 떠넘기거나 이면의 슬픔과 두려움 같은 참된 감정을 감추기 위해 분노나 증오 혹은 경멸과 같은 위장된 형태의 감정들을 분출하는 내담자들도 있다. 하지만 그것은 자신이 감당하기 힘든 감정을 치료자가 대신 다루어 주기를 바라거나 치료자가 함께 있어 주기를 원한다는 신호이기도 하다. 이때 내담자가 내뿜는 감정의 분출에 압도당하거나 투사적 동일시[14]에 말려들지 않는 혹

---

14 projective identification, 내담자는 은연중에 자신을 이렇게 만든 과거에 중요한 인물의 역할을 치료자에게 부여하며 과거의 관계들, 가해자-피해자의 연극을 반복하려고 하는 것을 말한다.

은 말려들더라도 투사와 투사적 동일시의 과정을 자각하고 있는 치료자라면 누구나 자신의 몸을 기꺼이 내담자의 몸에 개방하려 할 것이다. 그리고 치료자는 내담자가 느끼는 근원적 정서를 자신의 몸으로, 손짓과 떨림, 손가락의 미세한 움직임, 긁적거림, 목소리의 잠김, 호흡의 강약, 졸림 같은 것으로 감지한다. 내담자가 몸으로 느끼는 참된 감정은 치료자에게 전염된다.

이런 교류의 과정은 몸을 통해 이루어지기 때문에 놀이나 미술 그리고 아이들의 대화에 가깝지만 우리가 사용하는 일상적인 언어와는 거리가 멀다. 오로지 언어 중에는 문학, 특히 시만이 몸과 몸으로 이어지는 전염성의 본질에 근접한다. 정현종1978 시인은 "사람들 사이에 섬이 있다. 그 섬에 가고 싶다."라고 말했다. 나는 그에게 가고 그는 나에게 오는 것이어서 그와 나는 그도 아니고 나도 아닌 '사이'의 섬에서 만난다. 그와 나의 한 쪽 손과 발은 그 사이의 섬에서 만나고 그와 내가 겪는 밝음과 고통이 맞닿아 서로 어울린다. 숨과 감정이 오가는 몸의 교류가 있는 것이고 그것이 가장 정직한 것이다. 그리고 그것은 이미 말러Mahler, 페어베언Fairbairn, 위니콧Winnicott, 비온Bion과 같은 정신분석학과 대상관계의 대가들이 말한 것이기도 하다. 나는 정신분석학자가 아니지만, 내 경험으로 그런 만남이 느껴지지 않으면 답답하고 안개 속을 헤매는 것 같은 같은 기분이 든다. 무엇인가 분명하지는 않지만 내 안의 혹은 내담자의 방어가 작동하고 있으며, 내담자와 진정으로 만나지 못하고 있다고 느껴지는 것이다.

만일 치료자가 그 '사이'의 공간에서 내담자의 사적 세계를 만난다면 치료자는 내담자가 경험하거나 투사하는 압도적인 감정과 충동들을 몸으로 함께 나누거나 보듬어 지탱할 수 있어야 한다. 그리고 그 위험한 감정과 충동을 내담자가 견딜 수 있는 수준으로 순화시켜 되돌려 주거나 나아갈 길을 이끌어 주는 안내자가 되어야 한다. 위니캇1971은 이런 치료자의 자세 혹은 치료적 공간을 지탱해 주는 혹은 안아 주는 환경holding environment으로, 비온1962은 담아 주기containment라는 이름으로 명명하였다.

그러나 아쉽게도 이런 치료적 환경은 한 번에 구축되지 않는다. 치료자를 믿고 따르며, 치료자가 내담자를 지탱해 주기 위해서는 적어도 몇 회 혹은 십여 회기가 필요한 것이다. 하지만 나에게는 그럴 여유가 없었다. 우리에게는 안전하고 신뢰할 수 있는 치료적 관계를 형성할 시간이 없었다. 우리는 한 번밖에 만나지 않았던 것이다. 우리가 만날 수 있는 시간 역시 한 번밖에 없는 듯이 보였다. 나는 잠시 치료적 작업을 진행해야 할지 아니면 그냥 내담자를 안심시키고 위로하는 수준에서 덮어야 할지 하는 갈등에 사로잡혔다.

전쟁터에 불이 나다

그녀는 극심한 고통을 경험하고 있었고, 그것은 일종의 전쟁터에 가까웠다. 의식 이면의 심리적 가장자리를 극명하게 보여주는 가장 빛나는 심리검사인 로르샤하 테스트[15]에서는 그녀의 꿈속에서와 마찬가지로 전쟁이 일어나고 있었다. 그 전쟁은 외부에서 이식된 전쟁이었지만 그녀의 정신 속에서 일어나고 있는 전쟁이기도 했다. 로르샤하 테스트에서는 그녀가 사는 "성에 전쟁이 나서 피가 흐르고, 하늘에서 불똥이 떨어지며, 나무에 불이 났다." 또한 "마귀가 싸우고, 악마가 두 팔을 벌린 채 다가오고 있었으며, 사자가 피를 흘린 채 괴로워하고 있었다." 그리고 "전쟁터에서 사람들이 죽어 가면서 피가 흘러 흥건한 바다를 이루고 있었다." 그녀의 정신 안에 자리 잡은 싸움은 외부에서 기원한 침탈과 파괴의 이미지로 가득 차 있었으며, 그 전쟁터에서 그녀가 겪고 있는 가장 원초적인 감정은 두려움과 불안 그리고 괴로움이었다.

하지만 그 전쟁터에서 그녀는 실탄도 없이 뛰어든 나약하고 어린 소녀에 가까웠다. 로르샤하 테스트에서 전쟁터의 이미지는

---

15 Rorschach test, 형태가 불분명한 무정형의 카드를 보여 준 후 그 반응을 분석하여 무의식의 세계나 자기상, 대상관계 등을 이해하는 투사검사

간혹 어쩌다 "축제가 열려 두 사람이 함께 춤을 추고, 토끼가 춤을 추거나 강아지가 뽀뽀를 하고 있었으며, 불에 탄 나무 속에서 천사가 도와주러 오는" 사람들과 함께함으로써 얻는 즐거움과 구원의 이미지로 바뀌거나 교차하곤 했다. 문장완성검사에서도 그녀는 "나의 좋은 점은?: 밝다, 다른 사람들과 함께 있는 것은 웃을 수 있다, 내가 없을 때 친구들은 전화를 걸어 찾는다."라고 자신을 묘사하였다. 그녀는 발랄하고 쾌활한 성격이었으며, 사람들과 함께 있는 것을 좋아하고, 거기서 힘을 얻는 것 같았다. 그녀에게는 좋은 관계를 유지하고 타인을 믿을 자원이 있었으며, 이런 것들이 그녀의 긍정적인 힘이 되는 것 같았다. 또한 그 신뢰와 쾌활성의 자원을 바탕으로 좋은 관계를 회복하고 의지하거나, 전쟁터로부터 자신을 구해 줄 천사의 구원과 희망을 희구하고 있었다. 이런 양상들이 다소 미숙하고 의존적이거나 회피적으로 보이기도 했지만, 다른 한편으로는 치료자와 좋은 관계를 형성할 수 있으며 장기적으로 가까운 사람들과 좋은 관계를 회복하고 유지해 나갈 수 있는 자원으로 보였다.

다른 한편 문장완성검사에서 그녀는 "나의 아버지는 불쌍하다. 나의 어머니는 참 불쌍하다."며 연민감에 휩싸인 감정을 드러내는 한편, "내가 정말 행복하려면 내 자신부터 변화해야 한다."며 자신이 먼저 바로 서야만 한다는 필요성과 당위의 일면을 드러내기도 했다. 하지만 그녀에게는 그럴 힘이 없었다. 그녀는 "좋은 어머니는 우리 엄마 같은" 사람이라고 했으며 "나에게 이상한 일이 생겼을 때 _{부모님, 친구에게} 상의한다."라고 했다. 그렇게 그녀는 자상하고 건강한 부모라는 우산 밑에서 행복하게 살아왔고 큰 인생의 난관에 부딪힌 적이 없었던 것이다. 그런데 어느 날 갑자기 언니가 죽고 부모의 한 축이 쓰러졌다. '어머니에게마저 무슨 일이 생기면 어떻게 하지?' 하는 걱정과 두려움이 엄습했고, 자신밖에 남지 않았다고 느꼈다. 이제 자신이 장녀가 된 것이며, 그녀 스스로가 가족에 대한 책임을 지고 이 험난한 길을 헤쳐 나가야 하는 것이다. 그러나 그녀는 자신이 없고 무기력했다. 그녀는 "나는 바보다. 나에게 가장 문제가 되는 것은 의지가 약하다. 나의 능력은 없다. 원하던 일이 잘 안 되었을 때는 술을 마신다."며 스스로를 의지가 박약하고 무능력하다고 규정짓고 비하하면서 음주나 폭식으로 도피하곤 했다. 그리고 여전히 "내 생각에 가끔 아버지가 건강한 모습으로 다시 나에게 귀찮게 전화할 것 같다."며 건강했던 이전의 아버지 모습만을 꿈꾸고 있었다. 그녀는 병든 아버지의 모습을 받아들이지 못하고 있었던 것이다.

결국 그녀에게는 자아의 힘이 미약했다. 로르샤하 테스트에서도 그녀는 자기 스스로 현실을 직면하고 헤쳐 나가기보다는 구원을 꿈꾸고 있지 않았던가? 그녀가 다른 이들과 함께 춤추고 어울리는 데서 얻는 즐거움은 지금 이 순간 고통을 함께하고 이겨 내는 근원이라기보다 오히려 그 즐거움과 쾌락 때문에 고통을 회피하게 하는 근원이 아니겠는가? 나는 그 의구심을 버릴 수 없었다. 그녀의 사교성과 밝음, 쾌활함은 동전의 양면과 같았다. 그것은 그녀의 힘이자 매력이기도 했지만, 동시에 위장이기도 했고 장애물이기도 했던 것이다. 그녀의 힘은 시련과 고통을 통해 정련된 자기 안에서 나오는 것이 아니라 다른 사람들과의 관계에서 나오는 것이었다. 그런 측면에서 그녀는 스스로 시련을 이겨낼 수 있는 존재가 아니라 누군가의 도움을 기다리는 신데렐라나 백설공주에 가까웠다. 그녀는 착하고 순진했지만 고통스러운 사건을 감내해 내기 어려운, 나약하고 어린 소녀였던 것이다.

　결국 나는 전쟁터를 외면하지 못했고 비록 잠시일지라도 그녀와 함께 그 전쟁터를 버티고 통과하기로 했다. 그런 결심의 한 축에는 솔직히 나약한 소녀가 전쟁터에서 버티는 모습에 대한 연민도 작용했으리라. 심리치료자라는 사람들은 때로는 정당한 대가도 받지 못하면서 우리 사회는 마음의 건강을 외치면서도 정작 그 마음을 다루는 사람들은 멀쩡한 몸을 고상하게 인공적으로 변형시키는 사람들, 예를 들어 성형외과 의사나 화장품 회사 등에 비해 형편없는 대우를 받는다. 그리고 사람들도 마음의 건강에는 신경을 쓰지도 않고 별로 돈을 들이려고 하지도 않는다 지나치게 자기를 희생한다는 약점이 있다. 물론 나도 이건 고쳐야 할 그러나 여전히 지켜나가야 할 수밖에 없는 단점임을 아무 불만 없이 이해하고 받아들인다. 그러나 그녀는 그냥 지나치기엔 너무나도 허약하고 위험해 보였다. 그녀는 언젠가 누군가에게 전문적인 치료를 받겠지만, 그때까지 기다리기에 지금의 그녀는 자신을 지탱할 시간이 없어 보였다. 그 전까지 지탱할 자아의 힘을 기르기 위해서는, 증상이 악화되지 않기 위해서는 몸이 감정을 받아들이고 함께 연동할 수 있는 최소한의 체험적인 작업이 시급해 보였다. 더욱이 머릿속으로 변화의 필요성을 일부 인식하더라도 몸이 두려움과 고통에 떨고 있으며 자신에게 벌어진 현실을 받아들이지 못한다면, 그녀에게 일어나는 도피나 구원의 환상은 자연발생적인 반응일 수밖에 없다. 그때 삶은 그 자리에서 한 걸음도 나가지 못한다. 삶은 생각이 아니라 몸으로 밀고 나가는 것이다.

그러나 나를 움직인 것은 어디까지나 그녀였다. 그녀 안에 있는 밝고 쾌활한 지지적 의존성이라는 매력이 내가 로르샤하 테스트에서 그것을 읽고 감지하였을 때 나를 작동시켰던 것이다. 그녀에게는 주변을 밝고 화사하게 하는 귀엽고 향기로운 매력이 있었고 그래서 여러 사람들이 그녀 옆에 있었을 것이며 그녀를 위로하고자 했을 것이다. 그녀 역시 사람들과 어울리고 그들에게 기댐으로써 상처를 외면하고자 했을 것이다. 하지만 결국은 그녀 스스로 감당하고 이겨 내야 할 상처였기 때문에 그녀 안에 있는 힘을 개발하거나 작동시키지 못하는 이상은 아무도 진실로 그녀 옆에 있지 못했을 것이다. 그녀가 짊어진 짐의 무게에 압도당해 혹은 자신이 해 줄 수 있는 것이 없다는 무의식적인 무기력감이나 죄책감에 그녀 곁을 떠났을 수도 있는 것이다. 그리고 그 사람들이 그녀 옆에 있고자 했던 것처럼 지금 이 순간 그녀 안의 매력이 나의 구원자 환상survivor fantasy을 작동시킨 것이다.

치료자들 특히 치료자가 되기를 원하는 초보자들은 가끔 다른 사람을 구원하고 싶은 갈증을 느낀다. 그리고 이러한 욕구가 배려와 공감의 근원이요 어쩔 수 없는 치료자의 심성이기도 하지만, 때로는 오히려 치료자의 죄책감을 유발하거나 환자의 자립성을 손상시키는 장애물이 되기도 한다. 나는 이 순간 구원자가 될 수 없을 것임을 안다. 그러나 어쨌든 나는 구원자가 되기 위해 이 길을 선택한 것이 아니었는가? 내가 비록 실패한다고 해도 하지 않은 것보다는 낫지 않겠는가? 그리고 이것을 맡을 다른 치료자가 있지 않겠는가? 적어도 내가 물길을 터놓는다면 말이다.

돌아왔으면 좋겠어요

그녀는 언니와 아버지의 상실을 받아들이지 못하고 있었다. 상실은 이미 벌어진 분명하고 명백한 사건이었고 현실이었다. 그러나 이미 오래전에 상실이 일어났음에도 불구하고 그녀는 아직도 명백한 현실을 인정하지 못하고 부인denial하고 싶어 했다. 현실을 받아들이지 못하면 떠나보내야 할 무엇그게 사람일 수도 있지만 잃어버린 젊음과 명예, 자존심과 같은 보이지 않는 무엇일 수도 있다을 떠나보내는 것도, 살아남은 자가 남은 나머지 생을 살아가는 것도, 그녀에게 주어진 삶을 충실히 살아가는 것도 불가능하다. 사실을 받아들이는 것이 변화의 첫 단계인 것이다. 그러므로 나에게는 그녀가 상실을 진정으로 체험하고 받아들이는 작업이 무엇보다 절실하게 필요해 보였다. 나는 그녀에게 이미 벌어진 일들을 직면시키고 해석하면서 독하게 말했다.

"죽음이나 상실은 받아들이기 힘든 진실이지요. 당신은 이런 기억들에 사로잡혀 있지만 다른 한편으로는 자신에게 일어난 일들을 받아들이지 못하고 있는 것 같아요. 그래서 해야 할 책임을 회피하고 술이나 폭식으로 도망하고 있는 것 같고요. 하지만 이미 일어난 사실이나 기억은 외면할 수 없어요. 당신도 그건 이미 알고 있는 것 같아요. 그렇지 않나요?"

그녀는 수긍하듯 작은 목소리로 "네."라고 말했다. 나는 연이어 말했다.

"상처를 피하기만 해서는, 당신이 바라는 것처럼 기적이 일어나지 않는 이상은, 상처는 더욱 심해지기만 할 거예요. 당신의 죄책감은 더욱 심해질 것이고 그러면 또 술을 마시거나 폭식을 해야 하겠지요. 제 말이 이해되나요?"

그녀는 영리한 여자였다. 그녀는 내 말을 받아들였고, 나는 계속했다.

"그럼 잠시지만 저와 어려운 작업을 함께 해 볼 수 있겠어요? 이 작업이 어렵고 힘들 수도 있어요. 만일 견디기 힘들다면 손가락을 들어 주겠어요?"

그녀는 잠시 어리둥절하다 고개를 끄덕거렸다.

"자 그럼, 지금 떠오르는 이미지가 있다면 그 이미지를 한 번 그려 볼까요? 그림으로 그려도 좋고, 눈을 감고 머릿속으로 상상을 해도 좋아요. 가급적 자세하게 구체적으로 이미지를 그려 보면 더 좋고요."

그러자 그녀는 금방 전화연락을 받고 밤늦게 병원 응급실에 도착했을 때 온몸에 주사바늘을 꽂고 있던 언니의 모습을 떠올렸다. 아버지 이전에 언니의 육체와 고통을 마주하던 장면이 머릿속에서 떠나지 않고 있었던 것이다. 언니의 머리에서는 피가 흘렀고 온몸은 피범벅이 되어 있었다. 그녀는 미칠 것 같았고, 눈에 들어오는 것이 없었으며, 무조건 살려 달라고 기도를 했다. 나는 지금 그 장면을 보면서 현재의 자신에게 느껴지는 느낌을 물었다. 그녀는 "슬프다."라고 응답했고, 그 이유는 "언니가 고통을 받고 있으며 다시는 볼 수 없기" 때문이었다. 하지만 슬픔은 잠시였을 뿐 그 이면에는 더 큰 역기능적 감정, 즉 두려움이 잠복해 있었다. 곧 이어 다시 언니가 고통을 받던 응급실 장면이 떠오르면서 그녀는 곧 "무서워요. 다시 그런 일이 일어나지 않을까요? 엄마도 그러면 어쩌죠?" 하며 두려워했다. 그리고 이내 언니의 이미지는 빨간 원피스에 빨간 립스틱을 바르고 머리를 묶은 모습으로 변화했다. 나는 빈 의자 기법을 활용하여 언니와의 대화를 시도하였다.

"앞에 언니가 있다고 상상해 보세요. 언니의 모습이 그려지나요?"

"네……."

"언니의 모습이 어떤가요?"

"빨간 원피스를 입고 있어요. 입술도 빨갛고, 머리를 묶고 있어요."

나는 물었다.

"언니가 뭐라고 하지요?"

"나를 지켜보고 있어요. '정신 차려라. 네가 이제 장녀니까 흔들리지 마!' 라고 말하는 것 같아요."

"당신이 흔들리면 안 된다고, 바로 서야 한다고 말하고 있군요. 그럼 언니에게 뭐라고 말하고 싶나요?"

그녀는 한참을 우물쭈물하다가 말했다.

"다시 돌아왔으면 좋겠어요."

"언니가 예전의 모습으로 돌아왔으면 좋겠군요. 그 말을
한 번 해 보겠어요?"

우물쭈물하다 그녀는 겨우 "다시 돌아왔으면 좋겠어. 제발
돌아와."라고 말하였다. 그러나 언니는 "돌아올 수 없어, 어쩔
수 없어."라고 그녀의 부탁을 거절했다.

그 순간 그녀는 잠시 멍해진 채 있다가 눈물을 쏟았다.

"눈물을 보이고 있는데, 지금 눈물을 흘리면서 무슨 생각
이 스쳐 지나가나요?"

"이게 현실이구나 하는 생각 밖에 안 들어요."

그녀는 무기력하게 대답했다. 그녀는 이제야 현실을 그대로
직면한 것일까? 그녀는 현실을 받아들이고 싶지 않았던 것이다.
나는 말했다.

"그동안 언니가 돌아오지 못한다는 것을 현실로 받아들
이지 못하고 있었던 것 같네요."

그녀는 말했다.

"어이가 없고…… 어떻게 그럴 수가…… 너무 슬퍼요."

그녀는 한참을 눈물을 쏟았고 나는 어처구니없는 현실을 받아들여야 하는 그녀 앞에서, 그녀와 함께 가만히 있을 수밖에 없었다.

그런데 나는 언니가 빨간 옷을 입고 있다는 점이 꺼림칙했고 마음에 걸렸다. 나는 다시 물었다.

"언니가 빨간 옷을 입고 있는데 빨간 옷을 보면서 어떤 느낌이 드나요?"

"무서워요. 흐르는 피가 떠올라요."

짐작했던 것처럼 슬픔 이면에 두려움이 그녀를 압도하고 있었던 것이다. 나는 다시 말했다.

"슬프기도 했지만 한편으로 많이 무섭고 두려웠군요. 언니의 죽음 앞에서 슬픔보다 두려움을 느끼는 내 자신이 어떻지요?"

"한심해요. 강하지 못하고 약해 빠져서……, 언니가 죽었는데 옆에서 지켜 주지는 못하고 무서워하다니."

"강해지고 보살펴야 하는데 오히려 무서워하는 자신을 자책하고 있었네요. 그런 내 자신이 형편없어 보이고요."

그녀는 침묵했고 눈물을 쏟았다. 그녀는 언니의 죽음 앞에서 슬픔보다 두려움을 느끼는 자신을 용서하지 못했고, 자책하고 있었다. 두려움과 죄책감이 슬픔을 압도한 채 가리고 있었으며, 그 두려움과 죄책감으로 슬픔이 제자리를 찾고 흘러가지 못하고 있었던 것이다. 그녀는 슬픔에 앞서 두려움과 죄책감을 다시 체험하면서 이런 것들이 누구나 겪을 수 있는 정상적인 과정임을 받아들이고 흘러가도록 할 필요가 있었다. 나는 그녀의 감정이 누구나 경험할 수 있는 정상적이고 보편적인 것임을 일러 주고 지지해야 했다.

언니에게 그러했던 것처럼, 그녀는 아픈 아버지 역시 받아들이지 못하고 있었다. 아버지의 이미지를 떠올렸을 때 그녀는 문장완성검사에서 썼던 것처럼 소방관 제복을 입고 근육질의 몸매를 가진 과거의 멋진 아버지를 떠올렸다. 아버지는 자상하게 웃으면서 그녀를 반겨 주었고 그녀는 "다시 되돌리고 싶어요."라고 말했다. 그러나 아버지는 "나는 많이 아파. 돌아가기 힘들어."라고 했다. 그래도 그녀는 회복의 꿈을 포기하지 못한 채 "기적이 일어났으면 좋겠어요."라고 반복하였다. 그 속에서 그녀는 "보고 싶어요, 슬퍼요."라고 눈물을 흘리며 슬픔을 재경험했다. 나는 물었다.

"건강한 아빠는 이제 돌아올 수 없네요. 무엇이 슬프지요?"

"이런 말을 하는 자체가, 현실이 아프고…… 아빠가 옆에 없어서요."

"과거의 아빠를 되돌리고 복구하고 싶지만 아빠는 옆에 없군요. 그럼 현재의 아빠, 없는 아빠의 모습은 어떤 모습인가요?"

그녀는 아픈 아버지의 모습을 그려 내었다. 아픈 아버지의 모습은 그녀가 상상했던 멋진 아버지가 아니라 "환자복을 입고 슬리퍼를 신고 면도도 하지 못한, 꺼칠하고 야윈, 흰머리가 듬성듬성 난, 머리털이 뽑힌" 이미지였다. 시인 기형도1991가 그의 시에서 이야기한 것처럼, 그녀의 아버지는 "흙 속에서 쉽게 뽑혀지는 그러나 더 좋은 땅에 옮겨 심지 못한" 아버지였던 것이다. 그것이 현재 아버지의 모습이었다. 나는 다시 물었다.

"지금 아버지는 많이 아프고 야위었군요. 아버지의 현재 모습을 보고 느낌이 어떻지요?"

"죽을 것 같아요. 마음이 아파요."

그녀는 눈물을 터뜨렸고, 목소리가 제대로 나오지 않았다. 목이 감정을 막고 있었고 '가슴이 막힌 것' 같았다. 마음의 고통이 심할 때는 몸이 그 고통을 함께 품어 내려고 한다. 그것이 자연적인 과정이며 그래야 고통이 자기의 길을 찾아 흘러갈 수 있다.

그러나 그 고통을 겪는 과정이 너무 힘들거나 두려울 때는 오히려 의식이나 이성이 그리고 몸이 고통을 담아 내는 것을 방해하거나 차단하는 경우도 흔하다. 나는 물었다.

"가슴과 목이 무엇인가를 막고 있는 것 같군요. 목과 몸에서 느껴지는 느낌이 어떤가요?

"속상해요. 목이 따끔거리고 가슴이 답답해요."

"목과 가슴이 답답하고 아프군요. 그 목이 무엇이라고 말하는 것 같나요?"

"네 마음이 아프니까 나도 아픈 것 같다고 말하는 것 같아요."

"목도 같이 아프군요. 하지만 목이나 가슴이 무엇인가를 막고 있는 것 같기도 한데……. 그 목이 돼서 잠시 말씀해 보실 수 있나요?"

그녀는 잠시 멈춰 있다가 말했다.

"'죄송해요. 자주 찾아가지 못해서…….' 라고 말하는 것 같아요."

"요양원에 있는 아빠를 보러 갔어야 하는데 자주 찾아가지 못했고 피했군요. 아빠에게 그 말을 한 번 해 보시겠어요?"

"아빠를 보면 마음이 아파서……. 찾아가지도 못하고 해 준 것이 없어서 미안해요. 죄송해요."

그녀는 다시 눈물을 흘렸다. 그녀는 아픈 아버지를 보면 자기도 모르게 마음이 아파서 피해 왔던 것이다. 그리고 그런 죄책감과 두려움이 그녀의 또 다른 장애물이었다. 그녀는 아버지에게 그렇게 오랫동안 죄책감을 표현할 필요가 있었다. 한참 후에 내가 아버지에 대한 느낌을 다시 물었을 때 그녀는 아버지가 "웃고 있지만 아파해요. 몸도 지치고 마음도 지친 것 같아요. 어두워요."라고 말했다. 그녀는 그렇게 몇 십 분 동안 몸이 담아 두었던 비탄의 감정을 쏟아 내었고, 그러면서 조금씩 아버지의 실제 모습을 받아들였다. 그런 후 다시 몸의 느낌으로 돌아왔을 때 그녀는 기진맥진한 표정으로 "기운이 없고 정말 허탈해요. 무엇인가 조금 빠져나간 것 같아요."라고 말했다.

이런 치료 작업을 거친 후에 나는 언니에 대한 그림을 도화지에 그려 보도록 했다. 그녀는 이제 언니가 하얀 원피스를 입고 출근하는 모습을 그렸다. 나는 다시 물었다.

"언니가 하얀 원피스를 입고 출근하는 모습이네요. 그림 속의 언니가 뭐라고 말하는 것 같나요?

"'갔다 올게. 동생, 잘 있어!' 라고 말하는 것 같아요."

"언니가 인사를 하네요. 그 말을 들으니 어떤 느낌이 드나요?"

　"언니가 사라지는 것 같아요……. 슬퍼요. 언니가 없으니까……."

언니는 작별 인사를 하고 있었다. 내게는 언니가 그녀에게 작별을 고하는 것처럼 보였고, 이제야 비로소 어린 그녀가 상실을 받아들이기 시작하는 것처럼 보였다. 그리고 두려움의 상징이었던 붉은 옷은 슬픔의 흰 옷으로 변화하고 있었다. 두려움이 슬픔으로, 그녀를 붙잡고 놓아 주지 않던 언니의 모습이, 사실 그녀 스스로 놓아 주지 못하던 떠나가는 모습으로 변화한 것이다.

　나는 지친 그녀에게 깊은 심호흡을 시켰고 주변의 사물에 하나씩 눈을 맞춘 후 그 사물들에 대해 이야기하면서 현실 속으로 돌아올 수 있도록 그녀를 이끌었다.

죽음의 정상성

　인간은 죽음 앞에서 어떤 감정을 느낄까? 혹은 어떤 감정을 느끼거나 반응을 보이는 것이 정상일까? 우리가 주변으로부터 배우고 익혀 들어 이미 알고 예견할 수 있는 것처럼 죽음은 가장 큰 상실이고 이별이기 때문에 슬픔부터 느껴야 하는 것일까? 물론 상실에 대한 가장 자연스러운 감정은 슬픔일 것이며, 인간은 능히 슬픔을 느낄 수 있어야 한다. 인간 세상의 문화적 규범은 소중한 사람가령 부모나 형제, 오랫동안 함께하던 배우자나 친구의 죽음에 슬픔을 느끼는 것이 정상적이고 인간다운 감정이라고 생각하며, 그런 감정을 느끼지 못하는 것처럼 보이는 사람들을 비난한다. 이 이야기의 어리고 연약한 내담자 역시 그렇지 못한 자신을 책망했다. 어린 소녀가 만일 오 헨리O Henry의 소설 『마지막 잎새』1905에 나오는 여주인공처럼 언니가 청초하면서도 파리한 얼굴에 곱게 원피스를 입고 침대 위에서 창밖의 잎새를 내다보며 몇 년을 앓다 떠나갔다고 생각해 보자. 그리고 오랫동안 지켜본 탓에 은연중에 고통받는 언니가 불쌍하고 수발하기가 귀찮아졌다면그게 대개는 인간의 진실인 경우도 많다. 그래서 마음속에 그녀를 떠나보낼 준비가 되어 있었다면 조금은 충분히 슬픔을 느낄 가능성이 높았을지도 모른다.

그러나 그건 착각이다. 죽음 앞에서 우리가 가정하는 정상성이란 것 따위는 존재하지 않는다. 죽음 앞에서 정상적인 감정이란, 어떤 한 가지 감정을 느끼는 것이 정당하다는 법칙이란 존재하지 않는다. 어린 소녀는 죽음이 두려웠고 소중한 사람의 죽음 앞에서 두려움을 느끼는 자신을 용서할 수 없었다. 이와 동시에 그녀는 자신을 먼저 떠난 사람에 대한 원망을 가눌 수 없었다. 그렇게 인간은 슬픔 혹은 공포와 아울러 죽은 자를 원망할 수도 있고, 그 사람을 지켜 주지 못한 것에 대해 혹은 심지어 죽음의 원인을 자신에게 돌리면서 죄책감이나 수치심을 경험할 수도 있다. 그러므로 죽음 앞에서 인간은 얼마든지 미칠 수 있고, 온갖 모순된 감정들이 뒤섞여 튀어나올 수도 있다. 살아있는 우리는 항상 죽음과 그 죽음의 공포를 지우며 살며 그러므로 죽음이 제공하는 마침과 모순을 부정한다.

그러나 죽음 앞에서 그 연약한 부정이 갑자기 무너지고 공포가 엄습하기 시작한다. 언니는 온몸에 주사바늘을 꽂고 피범벅이 되어 무력하게 누워 있었다. 그 육체는 한계를 철저하게 증명하고 있었다. 죽음은 그렇게 우리가 부정하던 유한성과 동물성을 직면시킨다. 죽음은 우리에게 소중했던 누군가가 사멸할 존재임을, 우리 자신 역시 개나 돼지, 나뭇잎과 마찬가지의 존재라는 것을 각인시킨다. 어느 날 내가 집에서 아이들과 함께 기르던 사슴벌레가 죽었다. 살아있는 사슴벌레의 턱은 날카로웠고, 외피는 딱딱했으며, 윤기가 흘렀다. 그 육체는 존엄했고, 주인을 거부했으며, 신경질적이었다. 그 육체는 육체로 기꺼이 자신의 존재를 표명하는 것 같았다. 그런데 어느 날 사슴벌레가 죽었고, 탄력적인 육체의 허리가 꺾이고, 외피가 물러지고, 진물이 흘러내리기 시작했다. 인간은 산 자들 앞에 죽음의 모습을 보이기 싫어 황급히 망자를 염하고 시신을 묻는다. 나도 그렇게 아이들 앞에서 황급히 신경질을 부리며 사슴벌레의 물렁하고 푸석한 사체를 화단에 묻었다. 나는 슬펐지만 무서웠다. 나는 나보다 먼저 죽는 생명을 키우기 싫다. 나는 모든 생의 죽음을 직면하기가, 나의 죽음을 상상하기가 두렵다.

그러나 내가 그러한 것처럼 언어를 구사하고 의미를 추구하는 상징적 존재인 인간들은 죽음을 외면하고 산다. 우리는 죽음의 공포를 억압하고, 숨을 헐떡이며 죽어 갈 때조차 불멸을 움켜쥐려고 한다Becker, 1973. 문명사회에서는 누군가의 죽음을 통해 그 사실을 직면하지 않는 이상, 죽음은 항상 우리와 다른 곳에 있다. 우리는 죽음을 보지 못한다. 문명 속에 사는 우리는 이제 산부인과에서 태어나 병원의 장례식장에서 죽는다. 우리는 그렇게 탄생과 죽음을 모두 병원에 박탈당했다. 종교 역시 내세와 천국을 약속함으로써 죽음을 부정하는 데 전념한다. 우리는 영원할 것 같은 생 속에 존재할 뿐이다. 그것은 죽음이 생을 위협하기 때문이며, 어리석고 나약한 우리 스스로가 먼저 죽음을 병원과 종교에 내어준 것은 아닐까? 그렇게 죽음은 격리되었고, 우리는 젊고 영원한 생이 보장되는 세상 속에 사는 것 같은 안전한 착각을 유지한다. 그런데 갑자기 우리에게 소중한 누군가가 다치고, 병들고, 육체성을 드러내기 시작한다. 그가 병들고 죽었으며, 그가 누렸던 현세는 육체의 다른 이름이었다. 그 육체는 피와 뼈, 내장이었고, 피를 흘리고 똥을 쏟으며 해체될 것이었다.

젊고 어린 그녀 역시 죽음을 본 적이 없었고 소중한 누군가의 죽음, 자신의 죽음을 상상해 본 적이 없었다. 죽음과 상실 옆에 한 번도 가 보지 못했던 그녀는 미처 슬픔을 느낄 여유도 없었다. 그 전에 먼저 공포가 갑자기 자신을 엄습했고 숨을 쉴 수 없었다. 심장이 헐떡거렸고, 피가 솟구쳤으며, 자아는 한없이 무기력했다. 시인 기형도는 "잘 있거라, 짧았던 밤들아/창밖을 떠돌던 겨울 안개들아/아무것도 모르던 촛불들아, 잘 있거라/공포를 기다리던 흰 종이들아"1991라고 썼다. 어린 시절 기형도의 아버지는 병이 들어 있었고 생계를 책임져야 했던 어머니는 장사를 나가 밤이 늦도록 돌아오지 못했다. 작은 아이 혼자 남아 어머니를 기다리는 빈집에서, 어린 자기를 지켜 줄 사람 하나 없는 축축한 밤과 겨울 안개가 둘러싼 빈집에서 그는 아마 두려웠을 것이다. 그는 책상 위의 아무 것도 채워지지 않는 흰 종이에서 공포를 보았다. 그렇게 그녀 역시 큰 존재였던 아버지와 언니가 무너진 빈집과 두려움을 보고 있었다. 그곳에서 기형도에게 공포는 슬픔에 앞서 존재하고 있었으며 그녀 역시 마찬가지였다.

마흔이 훌쩍 넘은 나 역시 두려움이 슬픔과 더불어 혹은 슬픔보다 앞선 생의 근원적인 문제임을 이제 안다. 사실 슬픔은 애도의 가장 마지막 단계에 오는 것이다. 슬픔은 무엇인가를 잃어버렸음을 몸이 비로소 실감할 때, 그 무엇이 자신을 떠나갔음을 알았을 때에야 온다. 그때까지는 고통, 공포와 분노, 수치와 죄책감이 버무려진 온갖 단계를 넘어야 한다. 그때까지 우리는 우리가 그렇게도 사랑하던 사람을 책망하고, 두려워하며, 거부해야한다. 그리고 그런 자신을 오랫동안 미워해야 하는 것이다. 그러므로 슬픔이 왔다는 것은 그가 정말 떠났음을 받아들였다는 뜻이며, 그를 떠나보낼 준비가 되었음을 의미한다. 아홉 살 때 죽은 아버지를 너무나 사랑했던 시인 실비아 플라스[16]는 가스오븐

▶ 빈집

기형도가 어린 시절 살았던, 바람이 문풍지를 두드리는 들판 한가운데 있는 양철지붕집. 그 생가를 시집 속에서 보았던 기억이 있으나 안타깝게도 다시 찾지 못했다. 이 집은 내 마음속에서 바구니를 이고 장사를 나간 어머니와 누이를 혼자 기다리던 기형도의 풍경이 재생된 집이다.

속에 머리를 밀어놓고 마지막 세 번째 자살을 시도했다_{실비아 플라} 스의 아버지는 그녀가 아홉 살 때 죽었고, 아버지의 죽음 이후 그녀는 십대, 이십대 그리고 마지막으로 삼십대에 자살을 시도했다. 그 비극을 완성하던 순간에도 그녀 의 시에서는, 아버지와의 융합을 그리워하던 그녀에게서는 여전 히 "오, 대디, 개새끼, 이제 끝장이야."₁₉₆₅라는 울부짖음이 흘러 나오고 있었다. 그녀에게 슬픔은 미완결이거나 완성되지 못한 것이었다. 그녀는 여전히 분노와 그리움이 범벅된 목소리로 욕 을 하면서 아버지에게 "돌아오라."라고 말하고 있었으며, 그 목 소리는 영원히 현재형에 머물고 있었다. 실비아에게는 슬픔의 종착지로 완결될 수 있는 과거-현재-미래의 시간이 없었으며, 그러기에는 상실의 고통과 그리움이 너무 크고 거대했다.

그러므로 누군가를, 무엇인가를 잃어버린 사람들은 두려움 과 죄책감, 분노의 장벽을 넘어서 가슴으로 진정 애도할 수 있어 야 한다. 그리고 그 애도는 가슴이 하는 것이다_{Kavaler-Adler, 2003}. 육체와 정신이 공존하는 우리는 가슴으로 반응하는 존재다. 가 슴이 차단되고 몸이 감지하는 감정이 차단될 때 다른 사람에 대 한 사랑과 증오 역시 차단된다. 이성적 존재라고 자부하면서 우 리가 멸시해 왔던 것과 달리 육체는 존엄하고 정직하며, 그 육체

---

16 Sylvia Plath, 미국의 시인이자 단편소설 작가. 『콜로서스』(1965), 『벨 자(The Bell Jar)』 (1963) 등의 작품을 남겼다. 영국의 계관시인 테드 휴즈와 결혼하였으나 별거하고 극도의 우울증에 시달리다 두 아이를 남겨 놓고 오븐에 가스를 틀어 놓은 채 자살하였다.

만이 진정한 감정을 담을 수 있다. 그녀의 몸, 가슴에는 고통과 공포, 슬픔의 비탄이 자리 잡고 있었다. 그녀의 마음이 아팠을 때 가슴도 아팠던 것이다. 그렇게 가슴으로 상실에 직면하고 받아들이며 슬픔을 막고 있던 감정들이 해소되어야만 슬픔이 제 길을 찾고 흘러갈 수 있다. 슬픔은 그를 떠나보내는 마지막 자리에 온다.

그녀는 죽음과 상실을 회피하고 싶었지만 회피는 도리어 악몽과 이명이 되어 되돌아왔다. 상처가 그녀를 붙잡고 떠나지 못하고 있었다. 아무리 외면하더라도 죽음과 상처의 기억을 그녀는 끝끝내 떠나보내지 못했던 것이다. 그녀는 왜 음주와 폭식으로 도피해야 했고 아버지가 없는 듯이 살아야 했을까? 평범한 우리는 살고, 살아 내기 위해 고통스러운 기억을 버려야 한다. 너무나도 무섭고 고통스럽기 때문에, 받아들일 용기가 없기 때문에 살아있는 사람은 아무 일도 없었던 듯이 거짓말을 하며 사는 수밖에 없다. 그가 외치는 목소리가 더 이상 들리지 않는 것처럼 귀를 막아야 하는 것이다. 그러나 아픈 상실의 기억은 언제나 되돌아온다. 그녀의 기억은 갑작스러운 상실의 폭력 앞에 무력하게 노출된 두려움과 수치심, 죄책감이 범벅된 기억이었다. 그 두려움과 수치심, 죄책감의 그늘을 벗어나지 못하는 이상, 상실 앞에 자신을 드러내지 않는 이상 살아남은 자는 슬픔을 제대로 경험할 여유가 없다.

우리가 삶을 외면할 수 있을까? 여전히 우리는 삶을 흥겨워하고 축복으로 받아들인다. 부모와 가족의 축복을 받으며 태어났다는 이유에서 시작하여 때로는 내세나 천국을 보장받는 축복받은 존재이며 모든 동물보다 우월한 존재라고 착각하면서, 우리 자신에게 주어진 삶을 충실히 향유하고 완성해야 한다고 믿는다. 그것이 살아가는 의무요 책임이라고 받아들이면서 말이다. 그러나 삶에 대한 책임은 어디에도 없다. 인간은 그냥 살아 있음으로서 살아 있고, 육체가 걷기 때문에 걸어 간다. 살아 있는 자체가, 육체가 우리의 가장 큰 동력인 것이다. 나도 그러하고 당신도 그러하다.

한 번의 만남

나는 단 한 번의 치료적 작업을 했을 뿐이다. 그 하나의 작업으로 그녀가 상처를 씻었을까? 당연히 그렇지 않다. 치료는 한 번에 완결되지 않는다. 치료는 치료자와 내담자가 함께 삶의 숙련을 향해 나아가는 것이다. 내담자가 숙제를 스스로 완결할 수 있을 때까지 말이다. 그러므로 이 한 번의 작업을 어떤 치료자는 무모하고 위험하다고 말할지도 모른다. 나도 그것을 안다. 그래도 나는 단 하나의 작업이라도 해 보라고 권하고 싶다. 그것이 인간적인 연민 혹은 구원자 환상에서 출발했거나 죄책감을 떨치기 위한 것일지라도 말이다. 치료자는 이래야 하지 않겠는가? 그게 치료자의 약점일지라도 타인의 불행을 그냥 지나치지 않도록 말이다. 나는 아이들을 남겨 놓고 오븐 안에 머리를 밀어 넣은 실비아 플라스의 죽음을 이해하지도, 용서하지도 못한다. 그렇다고 위대한 철학자들이나 예수, 붓다처럼 삶과 죽음에 대한 해결책을 갖고 있지도 못하다. 나는 그냥 현실에 존재하는 나 자신의 비루한 삶과 육체 그리고 정신의 운명을 받아들일 뿐이다. 내가 그렇듯이 최소한 이 어린 소녀 역시 그럴 수 있기를 바랄 뿐이었다.

하지만 그 방법은 연민이나 동정 같은 사적인 감정에 기대어서는 안 된다. 라캉Lacan, 1992은 환자가 치료를 욕망하는 것이 아니라 치료자가 환자를 욕망해야 한다고 말했다. 그 욕망은 내담자가 자기 안에 있는 진실에 귀를 기울이도록 독려하는 치료자의 순수한 욕망이다. 치료자는 내담자의 증상을 우회해서 그가 회피해 왔던 진실을 직면하게 만든다. 내담자는 음주와 폭식, 죄책감이런 것들은 증상임과 동시에 방어, 도피 기제이기도 하다을 통해 죽거나 병든 아버지와 언니의 진실을 회피하고 있었으며, 그들과 함께 누렸던 어린 시절의 환상을 지속하고 싶었고, 그 그늘 아래 있는 작고 어린 소녀로 남고 싶었다. 그것이 지금의 그녀를 지탱하는 존재 방식이었다.

그러나 치료자는 대개 현재를 충분히 살지 못하는 그런 존재 방식을 용서하지 않는다. 치료자는 공감과 신뢰라는 무기를 바탕으로 삼아 내담자의 속도에 맞추어 증상과 방어의 이면을 헤치고 들어간다. 치료자는 부드럽게 암시적으로 혹은 도전적으로 내담자가 그동안 피해 왔던 진실, 때로는 무의식의 진실에 귀를 기울이도록 만든다Fink, 1997. 어린 소녀와 나는 다시 만날 시간이 없었으므로 조금 더 도전적이어야 했고, 아마 얼떨결에 그녀는 진실에 직면하는 또 다른 시련을 겪었던 것일지도 모른다. 그러니까 그녀에게 나는 오히려 가혹한 코치와 같았을지도 모른다. 그러나 얼떨결에 직면하지 못했다면 한동안 더 심한 증상과 방어에 시달려야 하지 않았을까? 나는 바라고 또 바란다. 그녀가 이 생의 비루함과 유한한 운명을 외면하지 않기를.

나는 다만 회복으로 가는 첫 번째 단추를 끼웠을 뿐이다. 그녀는 다른 치료자에게 더 심도 깊은 치료를 받아야 할 것이고, 그렇지 않으면 증상이 더 심해지거나 다시 재발할지 모른다. 치료가 제대로 더 깊이, 충분히 오랫동안 진행되었다면 심연의 더 깊은 문제들이 드러났을 것이며, 자신의 죽음과 마주쳤을지도 모른다. 자신의 죽음만큼 두려운 사실이 어디 있을까? 나는 제대로 심리치료를 받을 것을 그녀에게 권유했다. 나는 그때 그 필연적 상황에서 한 번의 치료적 만남을 가질 수 있었을 뿐이고, 다행히 그 한 개의 단추가 스스로 설 수 있는 발판이 되기만을 기대할 뿐이었다. 완전한 치료는 없다. 그래서 내가 무모했을까?

얄롬1989이 말한 "치료는 고통을 없애는 법을 배우는 것이 아니라 고통과 더불어 사는 법을 배우는 것"이라는 데 나는 전적으로 동의한다. 아마도 그녀는 고통을 통과하면서 상실을 받아들

이고, 죽음과 고통이 인생의 숙명이요 실존임을 받아들여야 할
것이다. 그리고 오랫동안 마음을 다스리며 울음을 참는 법을 배
워야 할 것이다. 그녀와 마찬가지로 지금 누군가를 떠나보낸 채
살아남은 사람들은 오랫동안 슬픔을 씹으며 자신을 미워할지도
모른다. 죽은 자와 진정으로 화해하고 용서하며, 다시 누군가와
사랑을 주고받기를 원하지만 슬픔과 두려움, 죄책감과 수치심으
로 인해 그 사랑을 회피할지도 모른다. 친구들은 위로하며 잊으
라고 하지만 그녀는 두려움과 슬픔을 쉽사리 씻어 내리지 못한
다. 브레히트Brecht는 사랑이 어디에 있느냐는 물음에 이렇게 말
했다. 사랑은 어떻게 되었느냐고? 나는 그대에게 기억나지 않는
다고 말하리 김광규 역, 1987.

넷,
사랑, 치명적인
상처의 근원

어둠 속에서도 불빛 속에서도 변치 않는
사랑을 배웠다. 너로 해서

그러나 너의 얼굴은
어둠에서 불빛으로 넘어가는
그 찰나에 꺼졌다 살아났다
너의 얼굴은 그만큼 불안하다.

번개처럼
번개처럼
금이 간 너의 얼굴은

- 김수영, 「사랑」 -

내가 수십 번도 더 본 영화 중에 왕자웨이[17]의 〈동사서독〉1994 이라는 영화가 있다. 모래사막과 햇빛을 배경으로 칼바람이 공기를 가르고 살을 찢는 무협영화의 포장을 하고 있지만, 실상 이 영화는 가혹한 사랑과 운명에 관한 이야기를 담고 있다. 영화 속의 인물들은 모두 애인의 사랑을 배신하거나 배신당한 상처를 간직한 사람들이다. 이들은 하나같이 사랑하는 사람을 살리거나 죽이지 못해 번민하며, 상처의 기억을 잊기 위해 칼에 목숨을 걸거나 술취생몽사에 의지한다. 당신 같은 여자가 있다면 청혼을 하고 싶다는 농담에 넘어갔다가 막상 그 남자가 청혼을 하지 않자 증오심에 청부살인을 요구하는 여인이 있고, 친구의 여인을 사랑하고 탐하는 남자가 있으며, 아내가 자기 친구를 사랑한다는 것을 알고는 마적 떼에 몸을 던지는 남자가 있다. 사랑하는 사람이 자신을 기다려 주지 않고 형과 대신 결혼한 것에 상처받은 한 남자는 냉혹한 살인청부업자로 사막을 떠돈다. 그러나 정작 그 여자는 야망을 버리지 못하고 객지를 떠돌아 다니는 남자에 대한 복수심 때문에 남자의 형과 결혼한 것이었다. 그녀는 남자가 자기를 배반했다고, 남자는 그녀가 자신을 배신했다고 여긴다. 그러나 그런 것들은 중요하지 않다. 원래 사랑은 그렇게 얽히는

17 〈아비정전〉(1990), 〈중경삼림〉(1995), 〈해피 투게더〉(1998), 〈부에노스 아이레스〉(2000), 〈마이 블루베리 나이츠〉(2008) 등을 연출하고 칸느영화제 감독상 등을 수상한 홍콩의 대표적인 영화감독

▶ 영화 〈동사서독〉의 한 장면

상처입은 냉혹한 살인청부업자로 사막을 떠도는 남자가 백타산을 바라본다. 백타산은
물과 꽃이 있는 그들의 사랑이 발원한 곳이었다.

것이므로.

우리가 사랑할 때 가장 중요한 것은 함께하는 것이고, 어떻게든 함께하는 것이다. 남자의 형과 결혼했던 여자가 죽기 전에 물 위에 흘러가는 복사꽃을 바라보며 말한다. "그에게 복수했다고 생각했지만 나는 실패자였어요. 내 인생의 가장 아름다운 한때를 그와 살아보지 못했으니까요." 붉은 복사꽃이 물결 위를 흘러간다. 그들이 머무는 곳은 사막이었으나, 그 시선은 항상 사막 너머에 있는 백타산이나 복사꽃을 향하고 있었다. 백타산은 그들의 사랑이 기원한 곳이었고, 복사꽃은 그들이 함께했던 청춘과 관능의 한 시점이었다. 주인공들이 아무리 사랑의 기억을 지우고 벗어나기 위해 몸부림을 쳐도 기억은 결국 사라지지 않았다. 기억은 끝끝내 살아남았고, 그렇게 살아남은 기억은 언제나 그들의 사랑이 시작된 기원, 우리 '인생의 가장 뜨겁고 아름다웠던 한 때' 왕자웨이가 화양연화(花樣年華)라고 부른 것, 백타산 혹은 복사꽃을 향하고 있다.

같은 감독의 영화 〈화양연화〉 왕자웨이, 2000에는 각자 자신들의 배우자에게 배신당한 젊은 남녀 주인공들이 등장한다. 두 주인공은 자기들의 짝이 사랑하게 된 사람이 누구인지를 찾아다닌다 그러나 두 주인공은 막장 드라마에서처럼 훼방을 놓거나 고소를 하고, 배우자의 마음을 되돌리려고 하지도 않는다. 그저 조용히 침묵하고 말을 아낄 뿐이다. 상대가 나를 버리고 진정으로 돌아섰다면 이미 돌아선 마음을 어쩔 수 없다는 것을 감독은 알고 있는 듯하다. 외도 관계에 있는 남자와 여자는 두 주인공의 아내였고 남편이었

▶ 영화 〈화양연화〉의 남녀 주인공

각자의 배우자에게 버림받은 두 남녀가 슈트와 차파오를 입고 길을 걸어간다. 차파오는 날 것 그대로의 육체를 드러냄과 동시에 그 육체의 접촉을 철저히 억압한다.

으며, 그 과정에서 만나게 된 남녀 주인공들은 서로에게 호감을 느끼는 기묘한 운명에 처하게 된다. 그러나 상처 입은 두 주인공은 말없이 식사를 하거나 담배를 피우고 좁은 복도를 스쳐 지나갈 뿐 서로에게 마음을 고백하지도, 몸을 열지도 못한다. 이 영화에서 나에게 가장 인상 깊었던 점은 주인공들의 가혹한 운명이 아니라 그들이 입거나 걸어 다니고 숨 쉬는 의복과 공간이었다.

남자 주인공은 언제나 단정한 슈트를 입은 채, 여자 주인공은 화려한 차파오다리 양쪽이 갈라지고 몸에 꽉 달라붙지만 목을 끝까지 감싼 만주식 전통의복를 입고서 혼자 먹는 음식점, 선술집, 복도, 비오는 거리를 스쳐 지나간다. 주인공들이 입은 슈트와 차파오는 화려하거나 산뜻해서 그 안에 있는 육체의 젊음을 터질듯이 드러내고 있다. 그 육체는 너무 팽팽해서 순결해 보였고 시간을 초월해 있는 듯 보였다. 그러나 그 옷은 또한 너무 죄어서 육체를 철저히 억압하고 있다. 슈트는 일말의 흐트러짐이 없었고, 차파오는 목선의 끝까지 빈틈없이 죄고 있었다. 그 안에서 육체는 자기를 드러내고 누군가를 유혹하기를 원하지만 결코 몸 밖으로 새어 나올 수 없었다. 옷은 감옥이었고, 육체는 의복과 시간 안에 갇혀 있었던 것이다. 젊은 남녀 둘이 좁고 긴 복도에서 마주칠 때에도 육체는 감옥 안에 갇혀 있을 뿐이다.

주인공들은 서로에게 사랑의 감정을 갖게 되지만 손을 내밀어 잡거나 날 것 그대로의 피부를 접촉하지 못한다. 그들의 길고 창백한 두 손은 다만 담배를 피우거나 타이프를 치고, 음식을 먹거나, 차를 따르는 데만 쓰일 뿐이다. 그래서 이들 역시 인생의 가장 아름다운 한때를 함께 보내지 못한다. 배우자들이 자기들을 배신하였고 그들과는 전혀 같은 시간과 공간을 향유하고 있지 못함에도 불구하고 그리고 지금−여기 같은 시간과 공간 속에 존재하는 것은 그 둘임에도 불구하고 말이다.

영화에서는 그들이 함께하지 못하는 이유가 결혼제도에 대한 책임감이나 배우자에 대한 죄의식 때문인지, 욕망을 감시하는 도덕성 때문인지 아니면 또 다시 상처받을 것에 대한 두려움 때문인지 시시콜콜 따지거나 제시하지 않는다. 다만 남녀 주인공은 사랑이라는 욕망에 충실하지 못한 채 인생의 아름다운 한때를 속절없이 흘려 보낼 뿐이다. 우리에게는 흘러가버릴 찰나의 시간을 사랑하는 사람과 함께해야 할 의무가 있다. 그러나 그것은 이들에게 얼마나 어려운 일인가? 그러니까 이 영화는 내게 사랑 때문에 주고받을 수밖에 없는 상처와 고통, 거기서 벗어나고자 하는 몸부림의 무용성에 대해 말하고 있는 것으로 읽혀진다. 그러나 무엇보다 주인공들이 욕망에 충실하지 못하는 이유는 그 욕망 역시 찰나적임을 알기 때문이다. 그들의 배우자가 자신을 배신했듯이 사랑은 영속되지 않는다. 사랑은 변질되고 균열된다. 그는 나를 사랑하지만 나는 다른 누군가를 바라볼 수밖에 없는 운명 혹은 그 반대의 운명, 욕망과 욕망의 균열 같은 것들이 사랑의 아가리 안에 숨어 있는 것이다. 사랑은 내부에서부터 어긋날 운명을 갖고 태어나는 것이다.

반면에 드라마나 동화 속에는 사랑에 관한 해피엔딩으로 가득하다. 드라마와 동화에는 항상 왕자와 공주가 만나 낭만적 사랑에 빠지고 시련을 극복한 후 둘만의 왕국을 건설하는 행복한 결말들이 묘사되어 있다. 그리고 주인공들이 마주하는 시련은 〈동사서독〉이나 〈화양연화〉에서와 같이 배신과 욕망의 충돌, 즉 마음의 변화에서 비롯된 시련들이 아니라 대개 외부로부터 오는 시련이거나 일시적이고 상황적인 오해들이다. 물론 드라마나 동화에도 마음의 변화에 기인하는 시련들이 일부 등장한다. 예를 들어, 〈미녀와 야수〉에서 미녀는 어리석게도 언니들의 꼬임에 빠져 야수의 진심을 오해하고 의심을 품게 된다. 일시적으로 마음이 바뀌어 야수와의 약속을 저버리게 되는 것이다. 그러나 야수의 죽음을 목격한 순간 그녀는 자신이 야수를 사랑하고 있음을 깨닫고 눈물을 흘리게 되며, 눈물은 야수를 왕자로 다시 태어나게 만든다. 사랑과 눈물이 담지하는 진정성만이 야수를 왕자로 변모시킬 수 있었던 것이다. 그러므로 그녀가 품었던 의심은 오히려 자기 안의 사랑을 깨닫기 위한 서사적 장치에 불과하다. 시련 역시 사랑을 완성하기 위해 설치된 비영속적이고 일시적인 장치에 불과하다. 미녀 안에서 일어난 마음의 변화는 왕자가 아니면 어쩌나 하는 불안, 야수의 야수성을 긍정하지 못하는 불신이 투사된 시련에 가까운 것이며, 욕망 자체가 변한 것은 아니었던 것이다.

이와 마찬가지로 드라마에서도 제삼자의 개입으로 주인공들은 항상 삼각관계에 놓이게 되지만, 이들은 언제나 교묘하게 둘 사이에 이어지는 관계의 끈을 놓지 않는다. 드라마나 동화에 자주 등장하는 삼각관계의 구도 및 여기에서 비롯된 경쟁, 질투나 의심 같은 안과 밖의 시련들은 사랑을 실현해 가는 과정에서 둘 사이에 사랑의 강도를 강화하고 확인하기 위한 수단에 지나지 않는 것이다. 결국 현대의 동화나 드라마는 사랑이라는 감정을 이상화하고, 사람을 낭만적 유혹에 빠지게 하며, 결혼제도에 합류하게끔 만드는 교묘한 장치다.

그러나 동화와 드라마, 로맨틱 영화의 결론이 현실일까? 동화나 드라마 뒤에는 무엇이 남을까? 사랑의 시련은 과연 거기서 끝나고 마는 것일까? 해피엔딩은 지속될까? 삶을 살아 본 우리 대부분은 현명하게도 그것이 판타지이고 꿈이라는 것을, 현실이 동화나 드라마와는 전혀 다르다는 것을 안다. 그래서 우리는 오히려 안심하고 환호하거나 애를 태우면서 드라마나 영화를 보는 것에 열렬히 에너지를 소비한다. 왜냐하면 드라마나 동화는 안전하기 때문이다. 주인공들은 우리 대신 그곳에 존재하고 행동한다. 현실이 아닌 '그곳에서' 주인공들은 우리가 꿈꾸는 욕망을 대신 구현해 준다. 동화나 드라마의 판타지 안에 존재할 때 우리는 현실에서 실패하거나 식어 버린 사랑을 되찾기 위해 새로이 짝을 구하러 나설 필요가 없다. 단지 주인공들의 행동을 눈으로 보고 귀로 들으며 열광하기만 하면 될 따름이다. 거기에는 낭만적인 연인들이 존재하며, 그들의 사랑은 영원불멸하다. 사랑은 변하지 않는다. 그곳에서 사랑은 영속되며, 우리 삶의 유일한 가치가 된다. 시련은 일시적일 뿐이고 결코 사랑을 변질시키거나 약하게 만들 수 없으며, 행복한 결말만이 존재한다. 우리는 그 결말을 이미 알고 있으며 기대한다. 그리고 대부분의 드라마나 동화는 이런 우리의 기대를 저버리지 않는다. 드라마나 동화는 우리 안에 있는 유아적이고 비현실적인 낭만적 사랑에 대한 욕구, 프로이트가 말한 소망 충족[18]의 욕구를 훌륭히 충족시켜 준다.

그러나 불행히도어떤 사람에게는 다행히도! 사랑은 그렇게 영속적이지 않으며, 호감이나 사랑의 근거 역시 그렇게 타당하지 않다. 우리는 상대를 처음 보는 순간 150밀리 세컨드1초에 150미터를 지나가는 속도라는 눈 깜짝할 만큼 짧은 찰나에 아무 논리적 근거도 없이 상대방에게 호감을 느낄 정도로 어리석다. 누군가를 처음 보고 대하는 순간에 호감과 비호감이 갈리는 것이다. 그 사람을 처음 보는 순간 만일 당신의 얼굴이 밝아지고 순간적으로 긴장되었다면 그건 상대에게 호감이 생겼으며 잘 보이고 싶다는 신호와 같다. 반대로 당신의 얼굴이 구겨지고 있다는 것을 느꼈다면 그건 '꽝!' 이고 집에 빨리 돌아가고 싶다는 신호라고 해석해도 무방

---

18 wish fulfillment, 프로이트 정신분석학의 기본 개념. 인간은 자신의 욕망, 즉 소원을 충족시키고자 하며, 현실에서 충족되지 못한 욕구는 판타지나 꿈, 심지어 종교 등의 형태 등을 빌려서 나타난다.

하다. 자리에 앉아 신중히 마음을 다시 가다듬은 다음 대화를 통해 상대의 매력을 진단하고 장단점을 파악하려고 할 수도 있다. 그러나 그 시간 역시 기껏해야 1분 30초에서 4분에 불과하다. 경기는 오래 뛸 필요가 없다. 낭만적 사랑은 전후반 90분을 꼬박 뛰어야 하는 축구 경기가 아닌 것이다.

문자가 생긴 이래 서양 철학에서는 인간을 가장 이성적인 존재로 가정해 왔다. 그러나 인간은 이성적인 존재가 아니다. 인간은 이성적 존재이기에 앞서 찰나의 감정에 의해 움직여지는 동물이다. 그 찰나의 순간이 반드시 틀렸다거나 이성보다 열등하다고는 할 수 없지만 오히려 감정은 정직하다는 점에서 이성보다 우월하다. 4분간 탐색전을 전개하는 이성조차 이전에 느꼈던 감정을 확인하기 위한 추후 절차에 지나지 않을 수도 있다, 어쨌든 우리는 이력서를 들고 긴 면접심사를 하듯이 심사숙고하는 존재는 아니다. 열여섯 살에 처음 만나 첫눈에 반했던 로미오와 줄리엣, 춘향과 몽룡의 진실이 맞는 것이다. 우리는 웬만하면 첫눈에 반하고 호감을 느낀다. 사랑은 찰나에 주고받는 교감으로 충분하다. 사랑은 순식간에 일어나는 교통사고와 같다. 오히려 우리가 충분히 나이가 늦어 상대를 판단하고 재단하기 시작하면 사랑이라는 사건은 일어나지 않는다. 결혼하지 못하는 연인들의 대부분은 순간적으로 사랑에 빠지는 능력이 부족하기 때문이다.

우리가 꿈꾸고 기대하는 것보다 사랑은 그렇게 오래 지속되지도 않는다. 대부분의 사람들에게서 낭만적 사랑의 약발은 900일에 불과하다Hazan, 2003. 그 시간이 충분히 길 수도 있지만 우리가 결혼할 때 서약하는 혹은 드라마와 영화에서 약속하는 그런 영속성은 보장되지 않는다. 결국 사랑의 감정과 그 형태, 강도는 변화가 불가피하다. 그리고 우리가 그 사랑을 지켜 내기를 원할 때 비로소 이성과 도덕이 필요해지는 것이다. 사랑의 열정이 휩쓸고 지나간 자리에는 상대방에 대한 정절과 책임, 억제가 남기 마련이고, 이제 이성과 의지가 자기 몫을 수행해야 하는 것이다. 그러나 이성은 때로 무력하고, 감정은 끊김이 없는 물과 같아 통제가 불가능하므로 때로는 그 물의 흐름이 바뀌거나 넘쳐흐르는 것을 어찌할 수 없다. 마음은 변한다. 사람들은 "마음이 어떻게 변하느냐!"라고 말한다. 그러나 마음은 변하며, 마음이니까 변한다.

이렇게 사랑의 진정한 시련은 동화나 드라마에서와 같은 외부의 혹은 일시적인 시련에서 오는 것이 아니다. 진정한 시련은 사랑하는 당사자 간에 혹은 어느 한편에서 일어나는 마음의 영속적인 변화, 즉 내부의 균열에서 온다. 그리고 그 균열이 참을 수 없는 상처를 낳는다. 〈동사서독〉이나 〈화양연화〉에서 주인공들이 다시는 돌이킬 수 없는 배신과 떠나감, 이룰 수 없었던 꿈과 회한으로 괴로워하듯이 말이다.

어쨌든 우리는 그렇게 사랑을 완성해 가며, 다행히 아름다운 청춘의 한때를 사랑하는 그/그녀와 함께 보내기도 한다. 그리고 그 사랑 이후의 부침으로 행복하거나 괴로워하기도 하는데, 이렇게 사랑이 인간의 영원한 주제임에도 불구하고 심리학자들은 사랑에 대해 연구하는 것을 난감해하였다. 그 이유는 눈에 보이지 않는 사랑을 정의하여 측정하기가 어려웠기 때문이며, 무엇보다 그 안에 이미 일어나고 있는 균열로 인해 증오와 상처의 다른 얼굴이 사랑에 겹쳐 있었기 때문이다.

우리가 사랑을 말할 때 내담자들은 상처를 말했고, 증오와 회환, 무심함 때로는 지겨움에 대해 말했던 것이다. 감히 말하건대, 사랑이 영속적이고 같은 색깔이라는 신화에 심리학과 심리치료는 봉헌하지 못한다. 사랑의 색깔이나 모양은 변화무쌍하고 다양하며, 심지어 영원히 퇴색될 수도 있다. 그래서 사랑을 애착이라는 이름으로 재정의하여 명명한 하잔Hazan & Shaver, 1987이나 친밀감, 열정, 책임감의 조합으로 분류하여 연구한 스턴버그Sternberg, 1986와 같은 학자도 있었지만 여전히 사랑이 무엇이라고 한마디로 말하기는 어려우며, 사랑의 상처에 대해 말한 연구자 역시 드물었다.

그럼에도 불구하고 분명한 것은 우리가 사랑을 희구하고 거기에 빠지게끔 만들어졌다는 사실이다. 우리가 아무리 합리적이고 이성적인 존재임을 자부해도 우리는 사랑에 맹목적인 존재로 진화하였다. 사랑은 우리 뼈 속에 내장된 진실이다. 그리고 바로 그 운명 때문에 역설적으로 우리는 사랑하는 그/그녀에게 가장 큰 상처를 받고, 때로 지워지지 않는 상처의 기억으로 평생을 고통스러워한다. 내가 믿고 의지하던 그/그녀가 나를 버리고 떠났을 때, 나를 학대하고 외면했을 때의 기억은 지워지지 않는다.

그것은 뼈 안에서 울리고, 내장 안에서 울리며, 세포 안에서 울린다. 신경심리학자 르두LeDeux, 1998는 그렇게 몸에 각인된 기억을 정서적 기억emotional memory이라고 불렀고, 루이스Lewis, 1981는 뇌의 충격cephalic shock이라고 불렀다.

어떤 동물보다도 무기력한 육체를 갖고 태어나는 인간의 어린아이들은 태어나는 그 순간부터 어머니의 지극한 사랑을 필요로 한다. 그는 어머니의 희생과 헌신에 전적으로 의지할 수밖에 없다. 만일 부모가 그를 버린다면 그는 생존할 가치가 없다. 그래서 그만큼 더 자신의 존재 가치를 증명받기라도 원하는 듯이 갓난아기들은 백기를 내걸고 자신의 무기력함을 철저하게 드러내면서 부모에게 자신의 모든 존재를 내어주고 맡기며, 그렇게 무저항적인 사랑을 요구한다. 이와 마찬가지로 우리가 성인이 되고 이성을 만나 다시 누군가와 열정적인 사랑에 빠질 때 우리는 다시 상대에게 무저항적으로 자신을 내어준다. 우리가 맨 처음 키스를 하는 순간은 어머니의 젖을 빠는 그 순간으로 회귀하는 것과 같고, 그/그녀와 내가 연애에 빠져 노는 시간은연애를 하는 젊은이들은 함께 일을 하는 것이 아니라 어린아이처럼 노는 것이다. 어린아이처럼 거리낌 없이 부모와 나 둘만이 존재하던 시간대로 회귀하는 것과 같다. 그 시간은 중첩되고 퇴행된 시간이며 그러니까 그/그녀가 떠날 때 남은 자는 어린아이가 부모에게서 버림받는 것과 같은 고통을 겪는다. 이제 남은 자는 마음과 육체의 상처 때문에 고통받게 되는데, 사랑으로 인해 고통받는 사람들의 뇌를 촬영하면 실제로 신체적 고통을 받을 때와 같은 뇌의 부위가 활성화 된다. 상처 입은 짐승의 기억이 지워지지 않고 내장 속에 저장되어 울리는 것처럼 몸과 마음이 서로 공명하는 것이다. 마음이 아프면 흔히 가슴 끝, 명치가 아프거나 심장이 실제로 병이 든다. 그것을 심리학자들은 오랫동안 브로큰 하트 신드롬broken heart syndrome, Akashi, Nef, Mollman, & Ueyama, 2010; Johnson, 2009; Motzkin, 1986 이라고 불렀는데, 우리가 사랑으로 끄억거리고 꺽꺽대는 고통은 말 못하는 어린아이의 숨이 넘어 갈 듯한 울부짖음, 즉 몸이 받는 고통과 같은 셈이다.

왜 이런 이야기를 해야 하는 것일까? 다행히도 세상에는 행복하고 즐거운 삶들이 더 많지만 이 책에서 만난 사람들의 이야기는 낭만적인 드라마나 동화의 이야기가 아니기 때문이다. 나는 임상심리학자로서, 심리치료자로서 내담자들을 만났고, 일부 교통사고나 천재지변과 같은 물리적 사고, 일면식도 없는 사람들에 의해 자행되는 성폭력, 강간과 같은 사건들을 제외하고그러나 이런 어쩔 수 없는 물리적 사건들에서조차 그 이후의 인간관계로 인해 고통을 겪으며, 성폭력이나 강간과 같은 사건들의 70% 이상은 주변의 아는 사람들에 의해 자행된다 이름을 뭐라고 부르든 그 내담자들의 태반은 사랑의 균열로 상처를 받은 사람들이었다. 그 균열은 현실 속에서 일어났고 존재했으며, 과거에서 현재로 그리고 미래로 파급되고 있었다. 또한 그 사랑의 균열이 반드시 남녀관계에서만 일어나는 것은 아닐진대, 오랜 시간을 같이한 아내와 남편, 형제와 친구 그리고 어떤 관계보다 끈질기고 두터운 부모와 자녀 사이에서, 즉 우리가 믿고 사랑하고 의지할 수밖에 없었던 사람들 사이에 편재하고 있었다. 사랑과 그 사랑에서 유래하는 균열과 상처는 우리가 발 딛고 있는 시간과 공간 속에 존재하고 있었으며, 영원히 회귀하는 현재 진행형의 운명과 같았다.

아이들에게 한없이 다정하고 명민했던 한 내담자는 한동안 어머니를 미워하며 살았다. 어린 시절 바쁜 어머니는 그녀 옆에 없었다. 다른 아이들 옆에 어머니가 있었을 때 그녀는 혼자 놀고, 혼자 버스를 타고 학원에 갔으며, 그것이 당연한 줄 알았다. 그리고 어른이 되어 비로소 어린 시절 자기 옆에 있어 주지 못했던 어머니를 원망했을 때 그 투정이 독해서 어머니는 서러웠나 보다. 그녀의 원망은 사랑의 다른 이름이었는데, 그녀가 아이를 낳고 어머니를 필요로 했을 때 그 순간에 정작 어머니는 옆에 없었다. 아이를 낳느라 그녀는 어머니의 죽음을 지켜 주지 못했고, 그 순간을 어머니는 기다려 주지 못했다. 이후로 그녀는 자신을 오랫동안 용서하지 못했다. 나는 멋모르고 독하게 그 사실을 직면시켰는데, 그녀는 다음 회기에 화장실에 가서 꺼이꺼이 울었다고 고백했다. 그때 나는 죄인과 같았다.

또 다른 내담자는 입이 심하게 삐뚤어진 채 역시 삐뚤어진 종종걸음으로 나를 찾아왔다. 몇 년 동안 정신과를 전전했던 그녀는 삐뚤어진 발음과는 너무 다른 명징한 눈빛과 차분하고 낮은 목소리로 "눈물이 안 나와요. 울지를 못한대요."라고 말했다. 초등학교 때 일찍 부모를 여읜 그녀는 동생들과 함께 어린 막내동생들을 보살피면서 할머니 댁과 큰아버지 댁을 옮겨 다니며 살아야 했다. 결혼 후에는 유교적인 집안에 시집가 맏며느리 노릇을 하느라 독한 시집살이를 감수해야 했다. 나는 난감한 상태로 그녀의 말을 들을 수밖에 없었다. 그러다 한순간 그녀가 '돌아가쉴 수 있는 곳'이 없음을 알고 반영해 주었을 때 그때서야 겨우 목이 갈라지고 눈물 한 방울이 새어 나왔다. 그녀는 그 한 방울의 눈물마저 성급히 지우려고 하였다. 내가 황급히 눈물이 숨으려는 순간을 포착해 되돌려주고 그 몸의 고백 안에 잠시 머물러 있기를 요청한 후에야 그녀는 처음으로 눈물을 흘릴 수 있었다. 그녀는 살아남기 위해 강해져야 했고, 스스로에게 눈물을 허용할 여유가 없었던 것이다. 그리고 어린 시절로 되돌아가 자신을 버리고 떠난 어머니와 할머니를 만나고, 어린 자기inner child를 만난 후에야 자기 자신과 화해를 할 수 있었다. 그녀의 어린 시절 이미지에는 약하고 더럽고 헐벗은 어린아이가 혼자 손을 빨고 있었으며, 그녀는 그런 아이를 한참동안 어루만져 주고 놀아주어야 했다. 다음에 다시 만날 약속을 할 때까지 어린 자기는 등에 업혀 떨어질 줄 몰랐다.

믿지 못할 수도 있지만 우리는 자신도 깨닫지 못하는 사이에 혹은 알면서도 사랑하는 사람들에게 상처를 준다. 사실 우리는 자신에게 중요하지 않은 사람에게는 별로 상처를 주지도 않고 받지도 않는다. 입원병동에서 만났던 한 편집증 환자그녀는 과거에 직장상사와 선배에게 성폭행을 당한 상처가 있었다는 평생을 같이 살아온 남편이 자신을 지켜 주지 않는다고, 권력 조직으로부터 지령을 받고 자신을 감시하고 있다며 증오를 투사하였다. 그 환자의 편집증에는 끊임없이 자신을 괴롭히고 부당한 요구를 하는 위계질서와 권력 그리고 남성에 대한 증오, 이런 세계에서 살아가는 것에 대한 공포, 나약한 자신에 대한 불안, 세상이 자기를 집어삼키거나 자기를 상실하게 만들 것에 대한 두려움이 내재해 있었다. 그러나 그녀는 자기 안에 있는 두려움과 분노를 직면하거나 수용하지 못하였다. 아마도 그녀는 이 세계와 자기 안에 있는 진실을 보는 것이 두려웠을 수도 있다. 자신이 더 나약해질까 봐, 불안과 증오에 압도당할까 봐 두려웠을 수도 있는 것이다. 그래서 그 불안과 증오는 자신이 가장 의지하는 어떤 대상 내지 막연한 그 무엇, 불투명한 타자에 대한 불안으로 투사되었다. 후자의 경우에는 모호한 주변인에 대한 편집적 망상 혹은 과대망상이 되겠지만, 전자의 경우에는 흔히 구체적인 타자, 그중에서도 자신이 가장 의지하는 가까운 누군가에 대한 편집증이나 질투 망상으로 변형되어 나타난다. 그러니까 이 편집증 환자는 자신이 가장 의지하는 대상에 그녀가 지각하는 가해자의 모습을 전이시키고 짊어지게 함으로써 자기 안의 진실을 외면하고자 했던 것이다. 그렇게 함으로써 그녀는 자신을 겨우 지탱할 수 있었다. 그렇게 그녀는 자신에게 가장 중요한 누군가에게 의지하고 있었다.

이 환자만 그러하겠는가? 평범한 우리 모두는 때로 자기 안의 진짜 감정과 욕구를 있는 그대로 보지 못하거나 인정하고 받아들이기 싫어하는 습관이 있다. 그뿐이랴. 어린 시절 부모가 그러했듯이, 우리 안에는 상대가 무조건적으로 자기를 받아들이고 진정시켜 줬으면 하는 유아적인 소망이 잠재해 있다. 이런 이유들 때문에 우리는 괜히 사랑하는 사람을 미워하거나 그들에게 짜증을 부리고 상처를 준다. 부모와의 심리적 경계선이 분명하지 않은 어린아이들은 몸이 아프거나 위급한 사태에 처하면 울부짖으며 부모를 꼬집고 때린다. 마치 자신이 겪는 고통이 부모에게서 비롯되었거나 부모 때문이라는 듯이, 아니면 그 순간의 고통이 부모에게로 넘어가 부모 역시 자신이 겪는 고통을 함께 감내해야 한다는 듯이, 자기의 고통을 부모가 경감시키거나 순화시켜 되돌려줄 수 있는 것처럼 말이다. 그리고 실제로 대부분의 충분히 훌륭한 부모[19] Winnicott, 1971는 아이로부터 옮겨 온 고통을 받아 기꺼이 함께하고 느끼며, 안거나 등을 쓰다듬어 아이의 고통을 진정시켜 되돌려준다.

이와 유사하게 사랑하는 어른들 사이에도 경계선이 흐려진다. 그 안에서는 나의 것이 쉽게 상대에게 넘어가고, 상대의 것이 나에게 넘어온다. 오랫동안 같이 살아온 어떤 한 부부는 상대

---

19 good enough mother, 완벽하기를 원하거나 자녀가 완벽하기를 기대하는 부모가 아니라 자신의 결점과 한계를 수용하고 즐길 수 있는 부모. 동시에 자녀의 단점과 한계도 받아들이고 인정하며 인간적 고통을 함께하는 부모를 뜻한다. 영국의 소아 정신분석 대상관계 치료자 위니캇이 아동치료와 부모교육에서 중시한 개념이다.

의 기분이 어떤지, 말하지 않아도 보기만 하면 안다고 말했다. 실제로 그 둘은 상대의 감정을 정확히 감지하고 있었다. 그런데도 둘의 사이는 그리 좋지 않았으며, 오히려 민감한 안테나 때문에 관계가 악화될 때가 많았다. 왜 그랬을까? 서로 상대의 감정을 정확히 읽을 수 있었는데도 그 둘은 왜 화해하지 못했을까? 그 이유는 상대 배우자로부터 넘어온 불쾌하고 나쁜 감정들을 품어서 받아들일 여유가 없기 때문일 수도 있다. 아니면 이번에는 나의 무엇이 상대에게 넘어가 뒤섞이면서 상대방을 곡해하거나 과잉 반응했기 때문일 수도 있다. 경계선이 흐린 상태에서 상대의 것과 내 것이 만나 중간 지점에서 융해작용을 일으키는 것이다. 상대의 기분이 좋지 않을 때 나는 그것을 감지하지만, 나에게는 그것을 품을 마음의 심리적 공간이 없다. 나는 때로 그게 '나 때문인가? 나에게 말할 수 없는 그 무엇이 상대에게 있나?'라고 의심을 품는다. 나 역시 기분이 좋지 않을 때는 상대방이 그것을 감지하고 품어 주기를 바란다. 그러나 상대방 역시 여유가 없거나 자기 안에 감정과 소망 때문에 내가 그에게 던진 몫을 과잉해석하거나 곡해하고 축소하기 일쑤다.

이렇게 사랑하는 사이에는 경계선이 흐려지고, 감정이 서로 전이되고 뒤섞이며, 그 과정에서 왜곡이나 변형이 일어난다. 어른이 되어서도 충분히 미숙한 우리는 때로, 여전히 상대가 알아서 나의 욕망과 감정을 감지하고 포용해 주기를 바란다. 그러나 상대 역시 나와 다르지 않다. 그렇게 상대가 의식적·무의식적으로 나의 요구를 거부하거나 둘 사이에 일어나는 요구와 수용의 순간이 엇갈리는 순간 갈등이 증폭된다. 어른이라고 해서, 부모라고 해서 모두 항상 성숙할 수는 없는 것이다. 평범한 우리 모두는 오히려 상대방의 감정에 감염되기 쉽기 때문에 그러나 정작 자기 안의 내면은 돌보지 못하거나 보지 않으려 하고 혹은 받아들이기 싫어하는 습관 때문에 오히려 사랑하는 사람을 박해하거나 상처를 준다.

그러므로 모든 사람들은 서로 사랑하고 그만큼 미워하면서 산다. 때로는 지옥 속으로 직접 걸어 들어가 그 지옥을 이고 살기도 한다. 한 부부가 있었다. 아내는 술에 의지한 채 남편을 비난하고 비탄에 잠기기 일쑤였다. 그러면서도 그녀는 부부 혹은 가족이라는 굴레를 벗어나지 못했다. 자신이 이렇게 불행한 이유는 남편 탓이라고 남편을 원망하면서도 그녀가 그 지옥을 벗어나지 못하는 것은 한때 사랑했던, 자신이 선택한 사람과의 소중한 기억 때문이거나 인생의 한때를 같이 보낸 사람에 대한 예의 같은 것일까? 아니면 그녀 자신이 함께 참여해서 둘만의 지옥을 만들었기 때문인가? 후자의 경우라면 그녀에게 그 지옥은 스스로 책임져야 할 지옥 아니면 적어도 견딜 만한 지옥일 것이다. 그녀는 가끔 나를 찾아와 어떤 날은 전화로 책임감 없고 무뚝뚝하며 휴대전화를 꺼 놓은 채 연락이 두절되는 남편에 대한 불평을 늘어놓고 한탄했다. 그러면서 이혼하고 싶다고, 이혼할 것이라고 말했지만 정작 이혼은 하지 못했다. 매번 그런 회기가 반복

됐다. 그녀는 "미안해요, 미안해요."라고 말하면서 무덤덤하게 반응하는 나를 원망했고, 말이 없는 나에게 "왜 말이 없나요? 무슨 말이라도 해야 하는 것 아닌가요?"라고 물었다. 그 질문에 나는 "선택을 내가 내려 줘야 하는 건가요? 그걸 바라는 건가요?"라고 반문했다. 그녀는 자신이 선택해야 하는 길이 뭐냐고 되물었지만, 사실 그녀가 원한 것은 치료자가 대신 선택을 내려 주는 것이 아니었다. 그녀는 나뿐 아니라 주변 사람들에게도 충분히 한탄을 했을 것이고, 자신의 길을 가라는 충고나 권고를 들었을 테지만 그 충고를 따른 적은 한 번도 없었다.

사실 그녀는 자신의 선택을 두려워하고 있었다. 그녀는 스스로 선택하고 결단하며 책임지는 삶을, 누군가가 없는 삶을 두려워하고 있었다. 아마도 많은 사람들이 이와 같을 것이다. 그런데 왜 그녀는 나를 찾아온 것일까? 그녀가 바랐던 것은 치료자를 통해 다만 잠시 더 지옥을 연장시키고 그 곳에 머물 수 있는 힘을 갖게 해 달라는 것이었다. 그녀는 남편 대신 원망하거나 의지할 누군가가 필요했을 것이고, 그게 치료자였을 것이다. 여전히 그녀는 지옥_{그러나 견딜 만한, 때로는 소중한} 속에 살고 있지만 그녀가 내게 필요했던 것은 그 지옥 속에서 살아갈 힘이었는지도 모른다. 사랑의 정체나 인간됨의 속성이 바로 그와 같지 않을까? 우리 모두 홀로 선다는 것이 두렵지 않겠는가? 지금은 열정이나 믿음이 식었을지라도 한때 사랑했던, 익숙한 누군가를 잃어버리거나 떠나기 싫지 않겠는가? 우리는 서로 의지하고 함께 살도록 만들어져 있기 때문에 함께 그 공간에 기숙하면서 서로에게 상처를 옮기고 또 옮겨 받는다. 그렇게 우리는 상처를 서로 전가하고 치유하면서 닮아 간다.

내담자가 물었을 때 나는 침묵했다. 그러면서 마음 한쪽에서는 그가 먼저 그녀를 떠나거나 아니면 그런 위기에 상응하는 확실한 계기가 없는 이상지금까지의 남편의 불성실이나 불화만으로는 충분하지 않았다, 그녀는 영원히 그렇게 살 것 같다는 생각이 들었다. 내가 정말 궁금했던 것은 '그녀는 왜 그를 떠나지 못하는 것일까?' 하는 것이었다. 그리고 내 해답은 지옥은 둘이 만든다는 것이었다. 사실 그녀는 지옥 속으로 스스로 걸어 들어갔다. 어떤 면에서는 모든 결혼이나 관계가 그러하다. 지옥은 원래 거기에 있었던 것이 아니고 혼자 만드는 것이 아니다. 지옥은 둘이 만드는 것이다. 만일 그녀가 헤어진다면 적어도 그 지옥을 벗어날 수 있을 것이다. 그러나 그녀는 그 길을 선택하지 않는다. 그러므로 그 지옥의 반은 그녀 자신이 만든 것이다. 그녀는 그와 상처를 주고받음으로써 지옥을 유지하고 있었다. 그녀는 그런 진실에 대해서는 한마디도 말하지 않았지만 암묵적으로는 알고 있었을지도 모르겠다. 다만 의식적으로 이를 인정하거나 스스로 책임지려고 하지 않았을 뿐이다. 그녀가 진실을 의식화하고 말로 떠올려 내뱉는 순간 자신이 지옥에 공헌했다는 점을 고백하는 셈이 되기 때문이다. 그래서 만일 누군가가 그녀를 도울 선한 의도로 그녀 안에 숨겨져 있는 깊은 진실을 직면시키거나 이혼하라는 압력을 행사한다면, 그 순간 아마 그녀는 더 깊은 절망에 빠지거나 진실을 깨우쳐 준 선한 동료나 치료자를 원망할지도 모른다. 진실을 거부하지 않는다는 것, 단독자로서의 삶에 책임을 진다는 것은 두려운 일이다. 하지만 그/그녀가 누군가를 한탄하고 원망할 때는 삶에 빚진 책임을 피해 가도 된다. 스스로 실존을 선택하지 않아도 되는 것이다.

조각가 카미유 클로델은 열아홉의 나이에 자기보다 스물넷이나 많은 스승 로댕을 만나 사랑에 빠졌다. 그러나 바람둥이이자 원래 부인이 있었던 로댕은 부인과 클로델 사이에서 방황하다 반려자 로즈에게 되돌아갔다. 버림받은 클로델은 이후 '내가 더 유명해질까 봐 나를 죽이려 한다. 로댕이 내 작품을 훔쳐간다.'는 편집망상과 우울증에 시달리다 정신병원에 감금당하고 말았다. 의사들은 그녀를 편집증이자 정신분열병으로 진단했다. 실제로 그녀는 정신착란 증세를 회복하지 못한 채 30년 동안 정신병원에 구금당한 채 지내다 죽어야 했다. 그러나 그녀의 증상은 옳았다. 증상에는 항상 진실이 숨어 있다. 로댕은 클로델과 많은 작품을 함께했고 영감을 주고받았으며, 헤어진 이후에는 자신의 불명예가 드러날 것이 두려워 클로델의 작품이 전시되지 못하게 방해했다. 그녀의 마음속에서는 로댕이 실제로 그녀의 작품을 훔쳐 갔던 것이다. 그러나 그녀의 편집증상이 내포하고 있던 더 큰 의미는, 로댕이 그녀를 사로잡았고 그녀가 로댕을 사랑하고 있었다는 점이다. 로댕과 헤어진 이후에도 말이다.

▶ 카미유 클로델의 〈사쿤탈라〉(Sakuntala, 1888)

　로댕과 연인 사이일 때 만든 작품. 주술에 걸려 장님에 벙어리가 된 사쿤탈라가 기억을 잃었던 연인 두시얀타 황제를 만나 재회하고 있다. 두시얀타는 무릎을 꿇은 채 그녀를 보듬고 있으며, 사쿤탈라는 눈을 감은 채 손을 늘어뜨리고 힘없이 자기의 모든 것을 내맡기고 있다. 그 내맡김은 사랑 앞에 전적으로 무기력해서 아름답다.

▶ 카미유 클로델의 〈성숙〉(The age of maturity, 1893)

로댕이 반려자 로즈에게 돌아가려 할 때 만든 작품. 운명의 여신 클로트가 남자를 끌고
가고 있으며 여자가 무릎을 꿇고 손을 내밀어 매달리고 있다. 카미유를 정신병원에 입
원시켰고 그녀를 이해한 유일한 사람이기도 했던 동생이자 시인 폴 클로델은 이 작품을
기증하면서 "이 벌거벗은 여인이 바로 로댕에게 정신적, 육체적 학대를 받은 누이 카미
유일 것이다. 무릎을 꿇고 벗은 채로 비굴하게 애원하는 모습이 바로 그녀가 로댕에게
하고 싶었던 행동일 것이다."라고 회고했다.

로댕의 그늘하에 있었던 그녀는 생전에 자기 자신을 위해 작업하고 싶다고 말했다. 그러나 그녀는 그러지 못했다. 그녀가 로댕과 헤어져 있을 때조차도 그녀의 영혼은 온통 로댕에게 사로잡혀 있었으며, 자신만의 작품을 내놓지 못했다. 그녀는 자기를 꿈꾸었지만 로댕 없이는 존재할 수 없었다. 그녀는 로댕 없는 지옥을 상상할 수 없었고, 그래서 편집망상을 통해 그 지옥을 로댕에게로 전가할 수밖에 없었던 것이다.

그녀에게 로댕은 아버지이자 스승이었고 연인이었으며 그녀를 고통 속에 몰아넣고 패망하게 한 가해자이기도 했다. 정신분석학자 수잔 퀘블러 아들러Susan Kavaler-Adler, 2003는 이런 현상을 가리켜 악마-연인 콤플렉스demon-lover complex라고 명명하였다. 클로델에게는 로댕에 대한 사랑과 증오가 교차하고 있었으며, 그녀의 증오와 편집증은 바로 로댕을 향한 사랑의 이름과 다르지 않았다. 그녀에게 결국 연인과 악마는 같은 존재였다. 그녀의 지옥은 로댕과 그녀가 함께 만든 지옥이었고, 사랑이 탄생시킨 지옥이었으며, 로댕이 떠난 후에도 영원히 벗어나지 못할 지옥이었다. 만일 클로델이 작가로서 주목받지 못했을지라도 로댕과 함께할 수 있었다면 그녀는 그 그늘 밑에서 행복했을까? 아마 그럴 것이라고, 그것이 그녀에게 차라리 행복했을 것이라고 나는 생각한다.

세 번밖에 만나지 못했던 또 다른 내담자는 도박에 빠져 집에 들어오지도 않고 기본적인 생활비도 변변히 주지 않는 남편의 마음을 되돌리기 위해 열심이었다. 남편은 생활비를 충분히 주었다고 했지만 아내는 길거리에서 몇 천 원짜리 옷을 사서 입어야 했고, 아이들 학원비도, 치료비도 내지 못했다. 그런데도 그녀는 정작 그를 떠날 마음이 없었다. 내 앞에서 그녀는 열심히 눈물을 흘렸는데, 그 울음은 내게 진정이기도 했지만 남편의 마음을 되돌리기 위한 도구적 방편이기도 했다. 솔직히 나는 그런 그녀에게 연민을 느꼈고, 한심스럽기도 했으며, 화가 나기도 했다. 아마도 나는 회기 중에 화를 억누르면서 반쯤은 아내가 스스로의 마음을 보도록 하기를 포기한 채 그것은 그녀가 선택하는 것이며, 그녀가 상담을 찾은 목적은 처음부터 남편의 마음을 붙잡기 위한 것이 분명했다. 또 그녀는 남편이 없는 자리가 너무 고통스러웠던지라 그 고통 외에는 자신의 마음을 볼 수 없었으며, 회기도 충분하지 않았다, 남편의 마음을 읽고 그녀와 자녀가 있는 자리로 되돌리는 데 열심이었던 것 같다. 그런 그녀가 세 번의 회기 끝에 문자를 보내왔다. 그가 집에 돌아왔다고……. 이후 그녀는 다시 오지 않았다. 나는 강도가 줄거나 양상이 변하기는 하겠지만 근본적으로 지옥이 변하지는 않을 것이라고 생각했다. 그녀는 그와 함께 지옥 속에 머물 용기가 충분했던 것이고, 그가 없는 지옥보다는 그가 있는 지옥이 견딜 만한 것이었다. 그녀는 치료자를 이용했고 나도 그것을 알고 있었지만, 나는 그녀의 상처입은 사랑에서 뿜어져 나오는 용기를 이길 재간이 없었다.

심리학자로서, 치료자로서 나는 인간에 대한 것 외에는 할 말이 별로 없다. 우리는 사랑하게 만들어져 있기 때문에 사랑하는 바로 그 사람에게 상처를 주고받는다. 그리고 상처의 책임이 어디에 있다고 느낄지라도 지옥은 그 사람의 마음 안에 존재하고, 우리 스스로 그 지옥을 창조하고 있으며, 선택의 권리 역시 그 자신에게 있다고 믿는다. 심리치료에서 신뢰와 공감이 그토록 중요한 이유는 내담자가 사람들로부터 받았던 바로 그 상처, 지옥의 흔적 때문이며, 한 번 상처받거나 지옥에 발을 디뎠던 사람들은 타인을 쉽게 믿지 못하거나 마음을 열지 못하기 때문이다. 그러나 바로 그 사실 때문에 그/그녀는 반대로 언제든 누군가를 믿고 받아들일 준비가 되어 있다. 왜냐하면 누군가는 끝내 그 사실을 부정할지라도 우리는 약한 인간이며 상대를 믿고 사랑하게끔 만들어져 있으므로.

　한 내담자가 여러 번의 만남과 회기 끝에 말했다. 나와의 시간으로 고통이 견딜 만해졌다고. 나는 조금은 안도하고 감동했지만 금새 자괴했다. 내가 무슨 한 일이 있겠는가? 그/그녀를 먼저 믿고 나를 헐벗겼으며, 잠시 내 심장을 내어준 것 외에는. 정신분석학자 스페자노Spezzano, 2003는 관계가 변화를 가져 온다고 말했다. 심지어 정신분석에서 그토록 애지중지하는 해석이 없이도 말이다. 나 역시 누군가에게 상처를 받고 또 주지 않았겠는가? 과거에도 그리고 현재와 미래에도 인간이 본래 그러한 것을 어찌할까만은 나는 다시 그/그녀와의 시간을 기다린다.

참고문헌

기형도(1991). 입 속의 검은 잎. 서울: 문학과 지성사.

김광규 역(1987). 살아남은 자의 슬픔. 서울: 한마당.

김수영(1974). 거대한 뿌리. 서울: 민음사.

김훈(1994). 풍경과 상처. 서울: 문학동네.

김혜남(2007). 나는 정말 너를 사랑하는 걸까. 서울: 갤리온.

남진우(2000). 타오르는 책. 서울: 문학과 지성사.

보건복지부(2010). 2009년 자살현황 및 향후 자살예방 중점 추진 과제. 자살
    예방대책위원회 보고자료. 보건복지부.

이훈구(2001). 미안하다고 말하기가 그렇게 어려웠나요. 서울: 이야기.

정현종(1978). 나는 별아저씨. 서울: 문학과 지성사.

황병국 역(1986). 노자도덕경. 서울: 범우문고.

Akashi, Y. J., Nef, H. M., Mollman, H., & Ueyama, T. (2010). Stress
    cardiomyio-pathy. *Annual Review of Medicine, 61*, 271-286.

Austin, J. H. (1998). *Zen and the Brain: Toward an Understanding of
    Meditation and Consciousness.* Cambridge: MIT Press.

Becker, E. (1973). *The Denial of Death.* New York: The Free Press. 김재영 역
    (2008). 죽음의 부정: 프로이트의 인간이해를 넘어서. 서울: 인간사랑.

Bion, N. R. (1962). *Learning from Experience*. London: Tavistock Publications.

Bowlby, J. (1969). *Attachment and Loss: Vol 1. Attachment*. New York: Basic Books.

Breuer, J., & Freud. R. (1895). *Studies in Hysteria*. Karig Press. 김미리혜 역 (1997). 히스테리 연구. 서울: 열린책들.

Crace, J. (1999). *Being Dead*. New York: Viking Press. 김석희 역(2009). 그리고 죽음. 서울: 열린 책들.

Darwin, C. B. (1859). *On the Origin of Species by Means of Natural Selection*. London: John Murray. 송철용 역(2009). 종의 기원. 서울: 동서문화사.

de Waal, F. (1980). *Chimpanzee Politics: Power and Sex among Apes*. University of California Press. 황상식 외 역(2004). 침팬지 폴리틱스. 서울: 바다출판사.

Fink, B. (1997). A *Clinical Introduction to Lacanian Psychoanalysis: Theory and Technique*. Cambridge: Harvard University Press. 맹정현 역 (2002). 라캉과 정신의학: 라캉이론과 임상분석. 서울: 민음사.

Freud, S. (1900). *New Introductory Lectures on Psychoanalysis*. New York: Norton.

Furman, E. (1998). *Needs, Urges, and Feelings in Early Childhood: Helping Young Children Grow*. Madison, Connecticut: International Universities Press.

Gray, J. (2002). *Straw Dogs: Thought on Humans and Other Animals*. London: Granta Publications. 김승진 역(2010). 하찮은 인간, 호모 라피엔스. 서울: 이후.

Greenberg, L. S., & Paivio, C. S. (1997) *Working with Emotions in Psychotherapy*. New York: Guilford Press. 이홍표 역(2008). 심리치료에서 정서를 어떻게 다룰 것인가. 서울: 학지사.

Greenberg, L. S., & Watson, J. C. (2002) *Emotion-Focused Therapy for Depression.* Washington D. C.: American Psychological Association.

Hazan, C. (2003). The essential nature of couple relationships. In S. M. Johnson & V. Whiffen(Eds.), *Attachment Processes in Couple and Family Therapy.* New York: Guilford Press.

Hazan, C., & Shaver, P. (1987). Romantic love conceptualized as an attachment process. *Journal of Personality and Social Psychology, 52*(3), 511-524.

Henry, O. (1904). *The Last Leaf.* New York: Jamestown Publishers.

Johnson, M. A. (2009). *Pathways of Love.* New York: Striving Publisher's.

Jung, C. G. (1962). *Memories, Dreams, Reflections by C. G. Jung.* C. G. (Ed., 1965) Jaffe, A. New York: Random House. 이부영 역(2000). Jung의 회상, 꿈 그리고 사상. 서울: 집문당.

Kävaler-Adler, S. (2003). *Mourning, Spirituality and Psychic Change: A New Object Relations View of Psychoanalysis.* New York: Brunner-Routledge. 이재훈 역(2008). 애도: 대상관계 정신분석의 관점. 서울: 한국심리치료연구소.

Kundera, M. (1990) *L'Immortalite.* Paris: Gallimard. 김병욱 역(1991). 불멸. 서울: 청년사.

Lacan, J. (1992). *Seminars of Jacques Lacan.* London: Taylor & Francis.

Ledoux, J. E. (1998). *The Emotional Brain: The Mysterious Underpinnings of Emotional Life.* New York: Simon & Schuster.

Lewis, R. (1981). The psychosomatic basis of premature ego development. *Comprehensive Psychotherapy. Vol. 3,* 91-102. New York: Gordon & Breach.

Motzkin, N. E. (1986). *The Broken Heart Syndrome: A Study in Psychosical Isolation.* California: University of California, Berkeley.

Murphy, P., Cramer, D., & Lillie, F. (1984). The relationship between curative factors by patients in psychotherapy and treatment outcome: An exploratory study. *British Journal of Medical Psychology, 57,* 187-192.

Nietzsche, F. (1887). *Zur Genealogie der Moral.* Leipzig: C. G. Naumann, publisher. 김태현 역(1982). 도덕의 계보. 서울: 청하.

Primo, L. (1957). *Is This is a Man.* London: Abacus. 이현경 역(2007). 이것이 인간인가. 서울: 돌베개.

Rist, J. M. (1972). *Epicurus: An Introduction.* UK: Cambridge University Press.

Rogers, C. R. (1942). *Counselling and Psychotherapy: Newer Concepts in Practice.* Boston: Houghton Mifflin.

Rogers, C. R. (1980). *A Way of Being.* Boston: Houghton Mifflin. 오제은 역(2007). 사람중심 상담. 서울: 학지사.

Rogers, C. R., & Farson, R. E. (1987). Active listening. In R. G. Newman., M. A. Danzinger., & M. Cohen(Eds.), *Communicating in Business.* Washington D. C.: Health Company.

Rubin, J. A. (1986). *Art of Art Therapy.* New York: Brunner & Mazel Publisher. 김진숙 역(2007). 예술로서의 미술치료. 서울: 학지사.

Santayana, G. (1923). *Scepticism and Animal Faith.* New York: Dover Publications.

Sloane, R. B., Staples, E. R., Cristol, A. H., Yorkston, A. H., & Whipple, K. (1975). Short-term analytically oriented psychotherapy vs. behavior therapy. *American Journal of Psychiatry, 132,* 373-377.

Spezzano, C. (2003). *Affect in Psychoanalysis: A Clinical Synthesis.* New Jersey: The Analytic Press.

Sternberg, R. J. (1986). A triangular theory of love. *Psychological Review,*

93(2), 119-135.

Sylvia, P. (1965). *Ariel*. New York: Harper & Row Publishers.

Winnicott, D. W. (1971). *Playing and Reality*. London: Tavistock Publications. 이재훈 역(1997). 놀이와 현실. 서울: 한국심리치료연구소.

Winnicott, D. W. (1994). *Talking to Parents*. New York: Adison-Wesley.

Yalom, I. D. (1989). *Love's Executioner and Other tales of Psychotherapy*. New York: Basic Books. 최윤미 역(2005). 나는 사랑의 처형자가 되기 싫다. 서울: 시그마프레스.

Yalom, I. D. (2007). *Staring at the Sun: Overcoming the Terror of Death*. New Jersey: Jossey-Bass. 이혜성 역(2008). 보다 용기있게 보다 냉정하게. 서울: 시그마프레스.

Zahabi, A., & Zahabi, A. (1997). *The handicap principle: a missing piece of Darwin's puzzle*. UK: Oxford University Press.

저자 소개

이홍표

고려대학교에서 심리학과 박사과정을 이수하고 임상심리전문가(정신보건임상심리사 1급) 자격을 취득하였다. 현재 대구사이버대학교 미술치료학과 교수로 있으며, KRA 유캔센터 자문심리학자, 한맘정서치료연구소(032-221-1114, cafe.daum.net/dcu.cp.study)의 소장을 겸하고 있다. 마음의 진화, 평판, 배척, 심리치료와 트라우마, 정서 등에 관심이 많고, 주요 저서 및 역서로는 『도박의 심리』(학지사, 2003), 『마음의 기원』(공역, 나노미디어, 2005), 『심리치료에서 정서를 어떻게 다룰 것인가』(역, 학지사, 2008) 등이 있다.

사람은
왜•아픈가

• 상처, 치유 그리고 관계의 이야기 •

2012년 7월 10일 1판 1쇄 발행
2025년 1월 20일 1판 6쇄 발행

지은이 • 이홍표
펴낸이 • 김진환
펴낸곳 • ㈜ **학지사**

　　　　　121-837 서울특별시 마포구 서교동 352-29 마인드월드빌딩 5층
대표전화 • 02) 330-5114 팩스 • 02) 324-2345
등록번호 • 제313-2006-000265호

홈페이지 • http://www.hakjisa.co.kr
인스타그램 • https://www.instagram.com/hakjisabook

ISBN 978-89-6330-885-2 93180

정가 13,000원

저자와의 협약으로 인지는 생략합니다.
파본은 구입처에서 바꾸어 드립니다.

이 책을 무단 전재 또는 복제 행위 시 저작권법에 따라 처벌을 받게 됩니다.

│ 출판미디어기업 학지사

간호보건의학출판 **학지사메디컬** www.hakjisamd.co.kr
심리검사연구소 **인싸이트** www.inpsyt.co.kr
학술논문서비스 **뉴논문** www.newnonmun.com
교육연수원 **카운피아** www.counpia.com
대학교재전자책플랫폼 **캠퍼스북** www.campusbook.co.kr